U0111748

大展好書　好書大展
品嘗好書　冠群可期

少林功夫㉓

少林拳對練

徐勤燕
釋德虔 編著

大展出版社有限公司

作者簡介

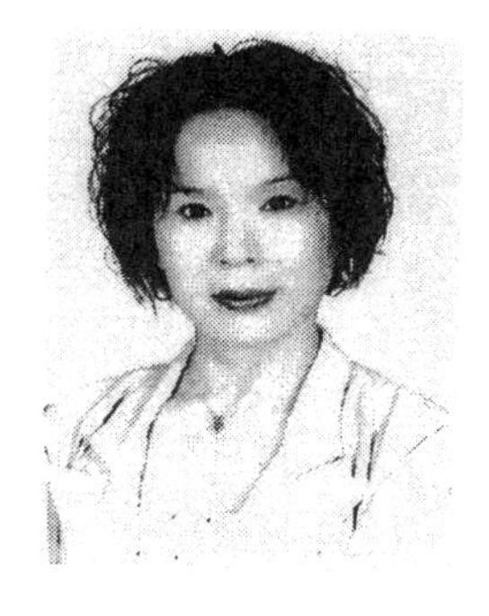

徐勤燕　女，生於1962年，原籍山東郯城。自幼從父徐祗法（法名素法）學練少林武術，於1982年春到少林寺拜素喜和尚爲師，賜法名德炎。在少林寺學武多年，擅長少林看家拳、螳螂拳和十八般武藝。不僅武功卓著，而且文筆亦佳，十年來共著有《少林功夫辭典》《少林羅漢拳》《少林劍術秘傳》等三十餘部少林武術專著，總計350萬字，發行到世界48個國家和地區，爲弘揚少林武術和促進中外文化體育交流有極大的貢獻。

德炎大師先後應邀赴新加坡、馬來西亞、俄羅斯、日本等國家訪問教學，受到國際武術界高度好評。現任少林寺國際武術學院院長、登封市少林少年軍校校長兼政治委員、國際少林拳聯合總會副秘書長等職。

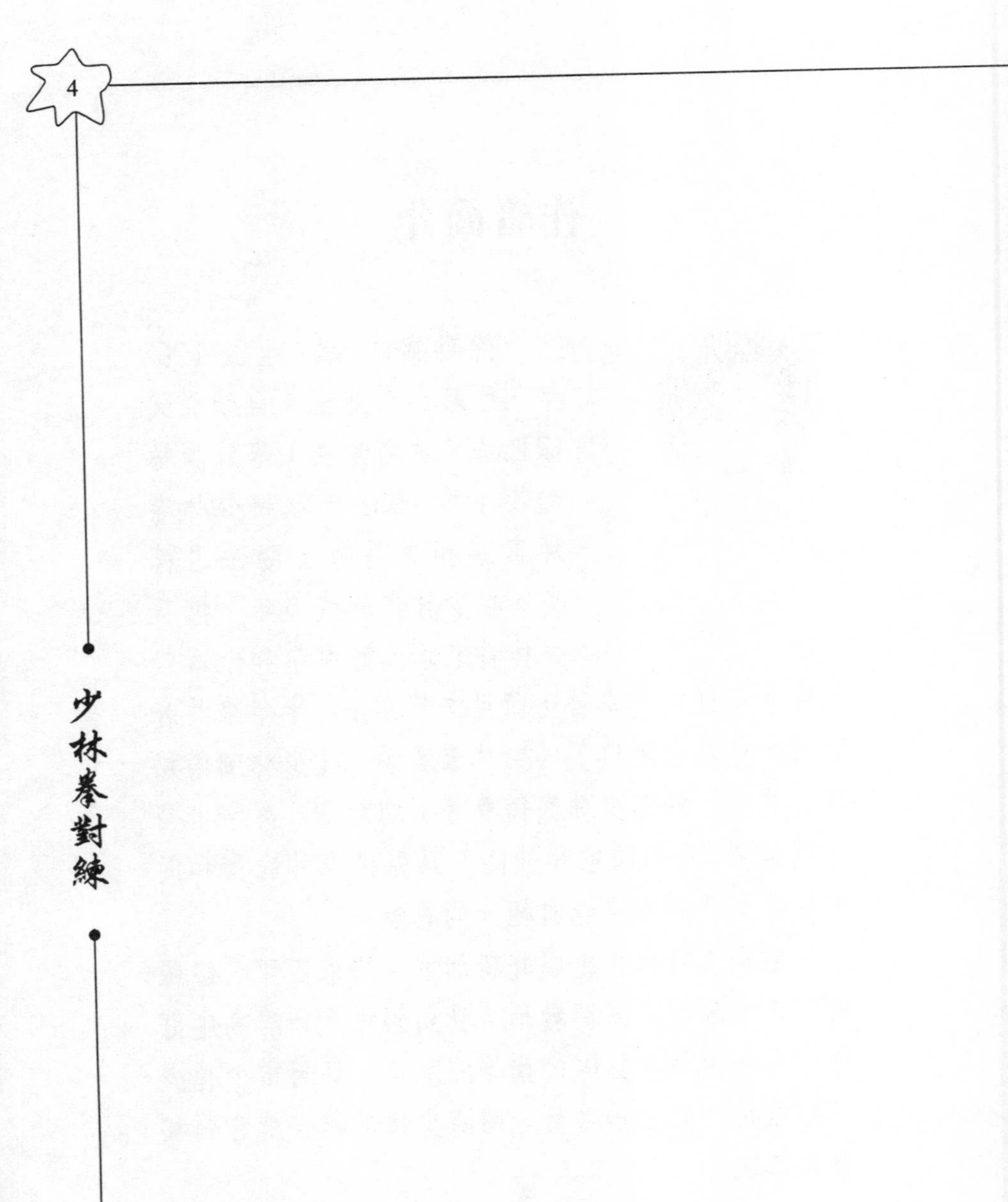

釋德虔　俗名王長青，男，生於1943年，原籍河南省登封市大金店鎮王上村。自幼皈依少林寺，拜素喜和尚爲師，賜法名德虔。跟恩師專習少林武術六年，又跟少林高僧德禪學習中醫、針灸、氣功等，跟永祥和尚學練達摩易筋經、八段錦、七十二藝、點穴、擒拿、硬氣功等。1960年寧夏中醫學校畢業，當年應征入伍，先後在新疆軍區工二師十四團和伊利地區行醫。1980年返回少林寺，從事武術研究工作。

1982年得到永祥和尚在少林寺火焚前復抄的《少林拳譜》四十八卷，開始從事少林武術的挖掘整理工作。二十年來撰寫了《少林拳術秘傳》《少林十八般武藝》《少林武術精華》《少林百科全書》《少林氣功秘集》等70多部少林武術專著，總計1800多萬字，發行到世界82個國家和地區，被譽爲「少林書王」。1992年榮獲全國武術挖掘整理優秀成果獎。

德虔法師1990～2004年先後應邀赴美國、日

本、紐西蘭、俄羅斯、加拿大等 41 個國家和地區訪問講學，中外弟子多達八千人，可謂桃李滿天下。現任中國武術學會委員、國際少林易筋經學會會長、國際少林聯合會顧問團團長、少林寺國際武術學院常務院長等職。

前言

少林武術起源於中國河南省嵩山少林寺，距今有一千五百多年的歷史，可謂源遠流長，馳名中外。

少林武術是少林寺僧和俗家弟子長期艱苦磨練的結晶，具有樸實無華、進退一線、曲而不曲、直而不直、滾出滾入、重在實戰等特點，是我國最早最大的民間武術流派之一。久練不僅可強身健體、祛病延年，還可陶冶性情、磨練意志；不僅有自衛護身和懲罰歹徒的實際作用，還能從中得到人體美的藝術享受。

早在唐代，少林武術就開始傳向日本、韓國、越南、泰國、緬甸等國家和地區。新中國成立後，少林武術得到了空前未有的大發展。據統計，目前全世界已有六十多個國家約三千多萬人練習少林武術。正可謂：少林拳花開九州，少林弟子遍世界。

近幾年來，國內外同門和廣大少林武術愛好者紛紛來電來函，要求編寫一套通俗易懂、易於推廣的少林傳統武術教材。爲了滿足他們的要求，更廣泛地普及和推廣少林傳統武術，我們在人民體育出版社的幫助下，根據珍藏少林拳械秘本和當今實際教學經驗，編寫了這套「少林傳統武術普及教材」。

本教材共分爲八冊：《少林武術理論》《少林武術基本功》《少林拳》《少林棍》《少林常用器械》《少林稀有器械》《少林拳對練》《少林器械對練》。前兩冊是對少林武術的內容、常用術語、教學訓練、基本功夫、基本技法的介紹和概論；後六冊則是從《少林拳譜》的576個套路中精選出52個優秀傳統套路，分別對各動作圖附文加以說明。

本教材適宜國內外各武術館校、輔導站等習武場所的學員和教練員應用，並可供中小學體育教師和公安、武警工作者參考。

由於水平所限，書中錯誤難免，敬請讀者批評指正，以利再版時修訂。

本書在編寫和出版過程中，得到青年武師姜健民、陳俊鍇、張軍偉、章順亮等大力支持，得到人民體育出版社叢明禮、駱勤方、范孫操等熱情幫助，在此一併致謝。

編著者
於少林寺

目　錄

10

少林拳對練

一、少林六合拳

少林六合拳羅王傳曰：

六合拳法羅王傳，五子登科四海旋。
大虎抱頭觀英姿，三手出掌鎮山川。
雙手推開迎面崖，一足踢開萬重山。
轉身飛腳騰九霄，回馬一槍神通顯。
乘勝再使沖天炮，三搖鐵拳全局安。
風雲無常黃風捲，左右出拳旋坤乾。
雙手撥開千層浪，跳步尋穴避風關。
上下三掌扛手妙，再使兩槍架山巒。
乘機回擊側耳炮，見縫插針進雙拳。
轉身單叉山臥虎，誘引魔鬼進伏圈。
伸腿一撥掃巨森，鷂子鑽林凱歌顏。
偶遇虎豹重交戰，銅臂一挑虎背斷。
三戰六合攻守循，形似金雞鬥鵪鶉。
將遇良才勇鬥勇，六合拳法冶眞金。

歌訣：

少林正宗傳拳法，單打出世接雙打。
六合拳勢攻防合，你進我退巧招架。

緩口衛氣出絕技，乘勢追風千里馬。
轉身迎面舞足手，聲東擊西換手把。
明揚左掌暗擊石，亮拳空勢踏鐵馬。
六合拳法妙在活，四爪能擋百箭發。
久練武藝伴星度，十春秋月戴英花。

動作名稱及順序

第一、二合

1. 五子登科	2. 虎抱頭	3. 三咬手
4. 推身踢陰	5. 轉身踩腳	6. 反掌擰手
7.沖天炮	8. 壓手挑手	9. 滿肚痛
10. 扳肩	11. 縮身	12. 三扛手
13. 搶手	14. 斜形	15. 三咬手

第三、四合

1. 三咬手	2. 上步進拳	3. 側耳炮
4. 沖天炮	5. 滿肚痛	6. 咬手扳肩
7. 推肩縮身	8. 三扛手	9. 搶手
10. 斜形	11. 三咬手	

第五、六合

1. 三咬手	2. 推身踩腳	3. 轉身單叉
4. 踢腿	5. 側耳炮	6. 上步進拳

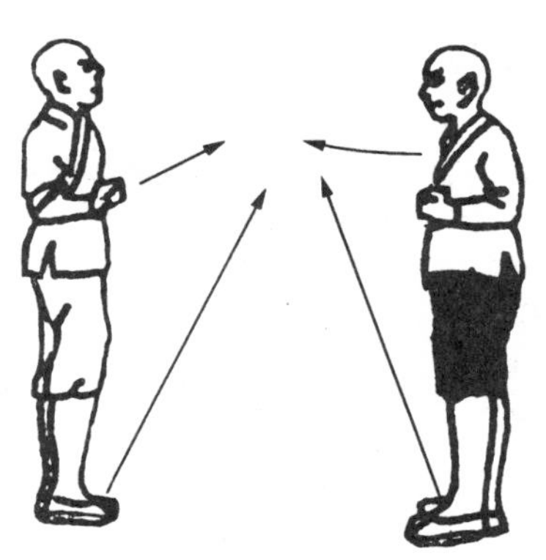

圖1

7. 進肘
8. 踢腿
9. 反掌擰手
10. 沖天炮
11. 咬手挑手
12. 滿肚痛
13. 咬手扳肩
14. 縮身
15. 三扛手
16. 搶手
17. 斜形

第一合（甲攻乙守）

預備勢

兩人對面相立，距離丈遠，足立八字，兩手抱拳。目視對方（圖1）。

注：甲穿白褲，乙穿黑褲。

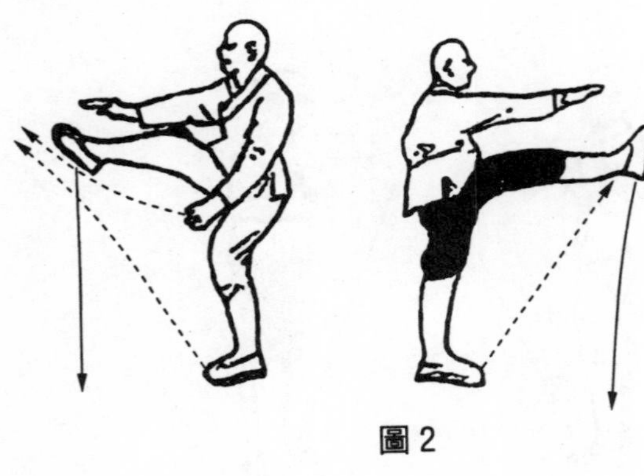

圖 2

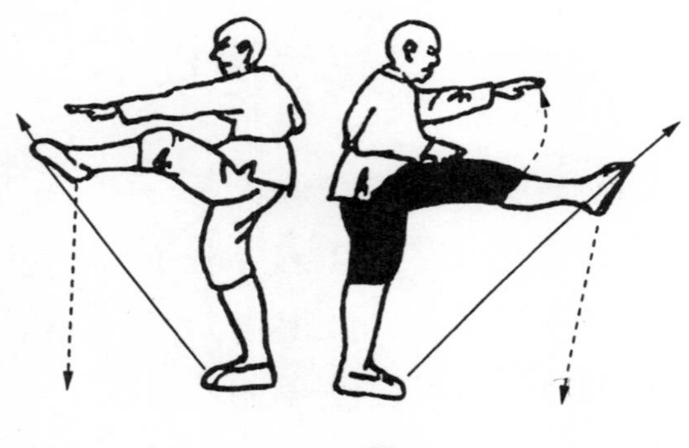

圖 3

1. 五子登科

甲乙原地轉身 180 度，各自先抬右腳，向前向上彈踢，腳面繃直，出右手向前，掌擊右腳面響亮（圖 2）。右腳落地，再抬左腳，向前向上彈踢，腳面繃直，出左手向前，掌擊左腳響亮

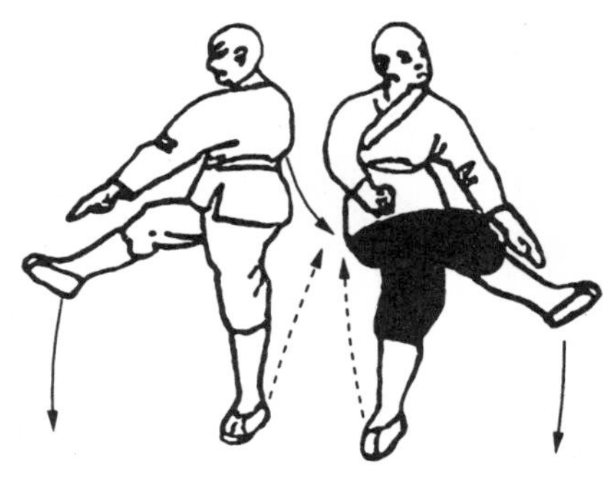

圖 4

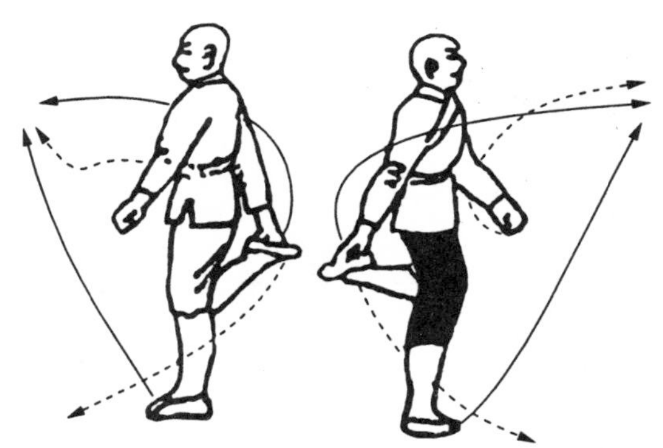

圖 5

（圖 3）。左腳落地後碾地，抬右腳向前、向左旋擺，速出左手掌擊右腳內側響亮（圖 4）。騰空隨身向左轉一圈，腳落原位原地，左腳向後踢，右手掌擊左腳根底響亮（圖 5）。左腳落原

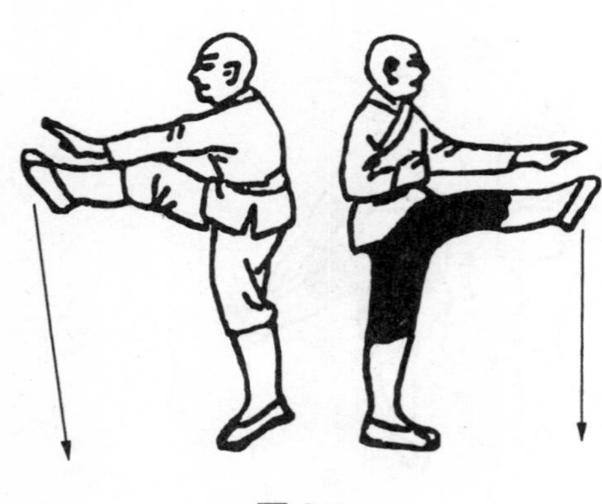

圖 6

地，再抬右腳向前向上彈踢，左手向前平直伸出，左掌擊拍右腳面（圖 6）

2. 虎抱頭

上動不停，甲乙各自抬右腳落左腳前邊一大步，身向左轉，右腿屈膝，左腿蹬直，成右弓步，右手向右向上畫弧，屈肘變拳，盤於頭上前右側，拳心向前，左拳向右橫擊，拳心向內，目視對方（圖 7）。

3. 三咬手

向左轉 90 度使兩腿成左弓步，甲出左掌向前擊乙方臉部，乙出右掌擋住其前臂，兩人手掌互

圖 7

圖 8

壓對方手腕（圖 8）。甲再出右手擊乙方臉部，乙速出左手掌擋住其前臂，雙方手掌互壓對方腕

圖 9

圖 10

部（圖 9）。甲又出左掌擊乙方臉部，乙再次出右手掌擋住其前臂，兩手掌互壓住對方手腕（圖10）。

圖 11

圖 12

4. 推身踢陰

上動不停，甲用力推乙，乙急上左掌反推（圖 11）。雙方鬆手，甲抬右腳向前向上踢乙陰部，乙速出右手掌擊甲腳面（圖 12）。

圖 13

5. 轉身踩腳

甲右腳被擊後不落地（左腳碾地），身向左轉一圈落左腳後一步，成左弓步。乙抬右腳向前彈踢甲方陰部，甲速出右手掌擊乙右腳面（圖 13）。

6. 反掌擰手

上動不停，乙速伸右手，甲右手抓住乙右手腕部，左手抓住乙上臂部（圖 14）。乙上身左轉，同時右腳向前上一步落左腳前，上身向左微轉，出左手反掌擊甲臉部（圖 15）。

圖 14　　圖 15

圖 16

7. 沖天炮

接上，甲左腳後退一步，出左手向前擊乙後腦。乙兩腳碾地體左轉 180 度，使兩腿成右弓步。甲同時右拳由胸前向上沖出擊乙臉部。乙出右手擋住，甲又出左手抓住乙的右肘（圖 16）。

甲保持右弓步，同時出左拳沖乙下頷部。乙右腳後退一步，出左拳擋住甲左拳。甲出右手偷抓乙左肘端（圖17）。

圖 17

8. 壓手挑手

甲抬左腳前上一步，乙左腳後退一步，甲伸左掌擊乙，乙出右手掌擋，互相咬手脖，甲再出左拳由下向上挑開（圖 18）。

圖 18

9. 滿肚痛

圖 19

乙抬右腳向後退一步，甲抬右腳向前上一步，伸右拳向前直擊向乙方下腹部，乙出左拳擊擋（圖 19）。

上動不停，甲抬左腳向前上一步，出左拳揣擊乙下腹部，乙速出右拳擋之（圖 20）。

圖 20

圖 21

10. 扳肩

接上，甲出左手掌向前擊乙臉部，乙伸左手掌擊擋，兩人互相手壓腕上。乙出右手抓住甲左肩端，甲出右手抓住乙左肩端，兩人扳肩咬手向右轉半圈（圖 21）。

11. 縮身

接上動作，甲乙互相壓手扳肩，向左轉走，轉移到相反位置時，猛推對手，各鬆開雙手，各自同震右腳與左腳成丁步，兩掌變拳，左拳屈肘上沖，右拳向右下方捶擊，兩腿半蹲，目視對方（圖 22）。

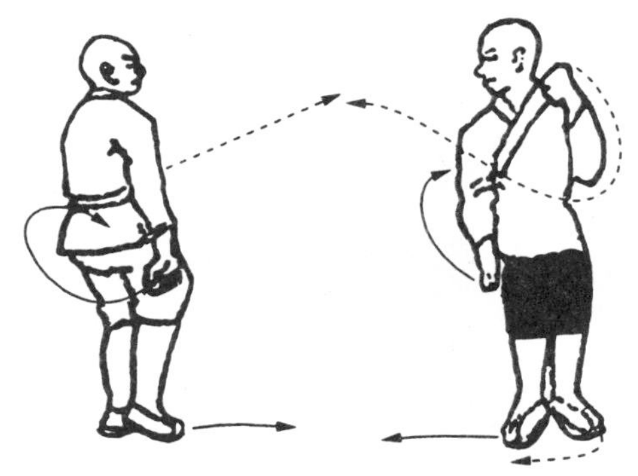

圖 22

圖 23

12. 三扛手

甲乙相對各上右步成弓步，甲伸左手側立掌，向前向上扛擊乙方，乙出左手側立掌擋住（圖 23）。甲右手向前劈擊乙臉部，乙右手去

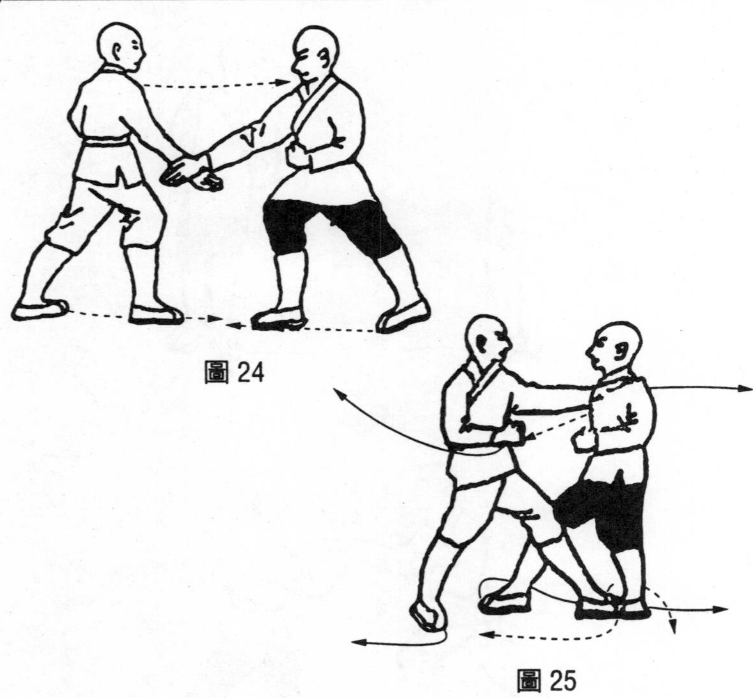
圖 24

圖 25

擋，甲又右手撩襠，乙右手阻擋（圖 24）。甲再出左手擊打乙臉部，乙用左手擋住。

13. 搶　手

甲左手掌向前平直對準乙喉部搶出（圖 25），乙用左手掌搶甲的頸部，同時甲乙各抬左腳向對面左外側上一步。

上動不停，甲乙各自體右轉 90 度，抬右腳向

圖 26

圖 27

相反方向上一步，成右弓步，並用右手向前搶出，目視右手（圖 26）。

14. 斜　形

上動不停，甲乙兩腳碾地，體向右轉 90 度，各自兩手變拳，由胸前向兩側平行環形展出，拳心向下，兩拳眼相對，目視對方（圖 27）。

15. 三咬手

甲乙兩腳碾地，身向左轉半圈，向相對方向上兩步，為左弓步（先上右後上左），甲出左手側立掌向乙臉部擊出，乙伸右手側立掌擋其前臂，雙方兩手各壓住對方腕部；甲又出右手側立掌，擊乙方臉部，乙又伸左手掌擋住甲手前臂，雙方手各壓對方腕部；甲再出左手側立掌擊乙臉部，乙再伸右手側立掌擋甲前臂，甲乙各用右手按住對方，壓在左手掌腕部（見圖 8、圖 9、圖 10）。

第二合（乙攻甲守）

動作與第一合相同，但不同的是無前兩個動作（即五子登科和虎抱頭）。從三咬手開始到結尾，全同第一合各種動作，只是由乙攻甲守，最後一個動作仍以三咬手結尾。

第三合（甲攻乙守）

1. 三咬手

動作同第一合第三個動作三咬手（見圖 8、圖

圖 28

圖 29

9、圖 10）。

2. 上步進拳

上動不停，乙出右拳向甲臉部沖擊，甲速出左拳向前擋住（圖 28）。甲再出右拳打擊乙右前臂，乙出右拳擊擋（圖 29）。乙抬左腳向對方上

圖 30

前一步為左弓步，同時出左拳向對方腹部甩擊，甲速出右拳擊擋，同時右腳向後退一步（圖 30）。

3. 側耳炮

乙抬右腳，橫足向甲方脛骨（小腿前骨）橫踢，甲左腳向後一步，同時出左拳擊擋乙方右足。乙再抬左腳向甲方右腿脛骨橫踢，甲速退右腳，同時出右拳擊乙左腳（圖 31）。乙又出左拳向前擊甲方左耳側，甲出右拳向前擊擋（圖 32）。

4. 沖天炮

上動不停，甲抬右腳向前一步，同時出右拳向前向上擊乙下頷，乙左腳向後一步，同時出右

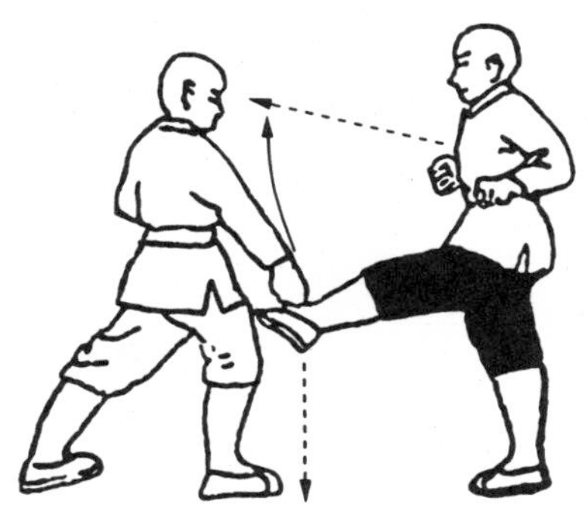

圖 31

圖 32

手抓住甲拳頭，甲出左手抓住乙肘端；甲再左腳向前一步，出左拳向前向上擊乙下頷，乙再右腳向後一步，同時出左手抓住甲拳頭，甲右手抓乙肘端；甲再右側立掌擊乙臉右側，乙伸右掌擋住，兩人咬手，甲速出左拳用力挑開（見圖16、圖17、圖18）。

5. 滿肚痛

甲上右弓步，出右拳向前下方擊乙肚腹，乙右腳向後退一步，同時出左拳抵擋；甲再上左弓步，出左拳向前下方擊乙肚腹，乙再左腳向後一步，同時出右拳擋擊（見圖19、圖20）。

6. 咬手扳肩

甲伸左側立掌，向前直擊乙臉部，乙出左側立掌擋立住，兩人互相手壓腕上，甲乙都出右手互扳對方左肩，成坐山架，兩人相距三尺（見圖21）。

7. 推肩縮身

上動不停，兩人壓手扳肩，同時各自抬左腳後上右腳向右轉身後，甲乙兩人用力推對方，各向反方向斜退一步，再各抬右腳向右上一步，收右腳放左腳跟處為丁步，右腳尖點地，兩手變拳，左手屈肘，拳立左耳垂下，拳心向外，頭向右稍臥，右手下垂放右大腿外側，目視對方（見

圖22）。

8. 三扛手

甲乙相對各抬右腳向前一步成弓步，甲伸右側立掌向前平直推出擊乙方臉部，乙出右手側立掌擋擊；甲再揮右掌向下擊乙方腹部，乙再用右掌向下擋之（見圖23、圖24）。三次擊防，甲乙雙方的左手平掌端於腰左側。

9. 搶手

甲乙雙方都抬左腳沿對方左腿左外側向前上一大步，同時出左手向前平直搶對方咽喉，雙擋而對；各自再抬右腳向前上一大步，同時出右手掌向前直搶（見圖25、圖26）。

10. 斜形

甲乙上動不停，兩手臂由胸前向兩側屈肘平行向內環展，拳心向下，兩拳眼相對，右拳稍低於左拳，上身稍向右斜，目視對方（見圖27）。

11. 三咬手

甲乙雙方動作接上，兩腳碾地，身向左轉半

圈各向相對方向上兩步（先上右腳後上左腳），甲出左側立掌向前平直推出擊乙臉部，乙伸右側立掌向前平直推出抵擋甲手掌，甲乙兩手互壓對方腕上部；甲再出右側立掌向前平直推出，擊乙臉右側，乙再伸左側掌向前抵擋，甲乙兩手互壓對方腕上部；甲又出左側立掌向前擊乙臉部，乙又出右掌抵擋，兩手又互壓對方腕上部（見圖8、圖9、圖10）。

第四合（乙攻甲守）

動作與第三合全同，不同點是甲乙調換原來攻守的位置，由乙方先動手攻甲方，甲方僅守和反攻，以三咬手結束。

第五合（甲攻乙守）

預備勢

甲乙相對足立八字，兩手抱拳，目視對方（見圖1）。

1. 三咬手

甲乙兩方各抬右腳向對方前上一步，再上左

腳一步，甲出左側立掌向前平直推出，擊乙方臉部，乙伸右側立掌向前平直抵擋，兩手互壓對方腕上部；甲再出右側立掌向前平直推出，擊乙臉部，乙再出左側立掌向前平直推出抵擋，兩手互壓對方腕部；甲又出左手側立掌擊乙臉部，乙又出右掌擋之，兩手互壓對方腕部，甲乙兩方都不鬆開壓手，各用手壓在對方手腕前部的手掌上（見圖 8、圖 9、圖 10）。

2. 推身踩腳

上動不停，甲用力推乙，乙左腳向後退一步，出右腳向前彈踢，腳面繃直，甲出右手掌擊乙方腳面（見圖 13）。

3. 轉身單叉

上動不停，乙右腳被擊後落左腳跟前，甲乙各自抬兩腳向右轉身（180 度）跳步（互換位置），使甲乙的兩腿都成仆步，兩拳同時向前下砸擊（圖 33）。

4. 踢　腿

乙抬左腳向前上一大步，出右足向前向上橫

圖33

踢甲方左腿脛處，甲起身出右掌擋之（圖34）。

5. 側耳炮

上動不停，乙方右腿被擊後落回原地，速出左拳向前向上擊甲方耳部，甲方出右拳擋之（見圖32）。

6. 上步進拳

甲上身向左半轉，抬右腳向前上步，乙出右拳向甲臉部沖擊，甲速出左拳擊擋；同時甲出右拳向前下方猛擊乙方腹部，乙方退左腳向後一步，伸右拳擋之；乙抬左腳向前一步，同時出左拳向前下方擊甲方腹部，甲右腳向後一步，同時出右拳擋之（見圖28、圖29、圖30）。

圖 34

7. 進　肘

乙兩腳起跳，同時兩手變拳由兩側平胸向內，兩拳頭相頂緊貼胸正中下方，肘高平乳，速上右弓步，右肘向前下方往上挑扛甲方上腹部，甲方左腳向後一步，成右弓步，同時出兩手向前抓住乙方右肘端（圖 35）。乙方左腳上前一步成左弓步，左肘向前下方往上扛挑甲方上腹，甲方右腳向後一步，同時兩手向前抓住乙方左肘端（圖 36）。

8. 踢　腿

上動不停，甲抓乙方肘端用力向前推，乙退

圖 35

圖 36

左腳一步，以左腳碾地身向左轉一圈，右腳隨身勢向左轉落左腳後一步處，甲抬右腳向前踢乙方左腿，乙退左腳向後一步，同時出右掌拍擊甲方右腳面（見圖 12）。

9. 反掌擰手

上動不停，甲伸手抓住乙方右手腕上部，乙上身左轉出左手掌背後反擊甲臉部，同時身再向左轉，左腳隨身轉落右腳前，甲放開右手，出左手掌擋之，甲乙兩手壓對方腕上咬手，乙出右拳上右步向上挑開（見圖 14、圖 15）。

10. 沖天炮

甲抬左腳向前上一步，出右拳向前沖擊乙下頷，乙右腳向後退一步，同時出右手抓住甲拳頭，甲出左手抓住乙肘端；甲再抬右腳向前上一步，同時出左拳向前向上沖擊乙下頷，乙退左腳一步，同時出左手抓住甲左拳頭，甲右手抓住乙左臂肘端（見圖 16、圖 17）。

11. 咬手挑手

甲出左手側立掌向前擊乙臉部，乙出右手側立掌向前抵擋，兩方互壓對方腕部，甲用右拳挑開（見圖 18）。

12. 滿肚痛

甲抬右腳向前上一步，同時出右手變拳向前下方直擊乙肚腹，乙左腳向後一步，同時出左手變拳向前擋之；甲再抬左腳向前上步，同時出左拳向前下方再擊乙肚腹，乙右腳向後退一步，同時出右拳向前擋之（見圖19、圖20）。

13. 咬手扳肩

甲伸左手側立掌向前劈擊乙臉部，乙出左手側立掌向前擋之，兩手互相壓對方腕上部，甲乙兩方各伸右手向前扳對方左肩（見圖21）。

14. 縮　身

上動不停，甲乙互相壓手扳肩，各自先抬左腳、後抬右腳向右轉身後，甲用力推乙，甲乙各向相反方向斜退一步，收右腳放左腳跟部為丁步，右腳尖點地，同時兩手變拳，屈左肘貼胸左側，拳頭豎左耳垂下，拳心向裏，右拳下垂於右大腿外側，拳心向外，兩腿微下蹲，形似猿猴束身，目視對方（見圖22）。

15. 三扛手

甲乙相對，各抬右腳向前上一步，成右弓步，甲伸左手側立掌向前推出，擊乙臉部，乙出左側立掌向前擋之；甲揮右掌向下前擊乙腹部，乙方右掌下移抵擋；再揮左掌向上出擊乙方臉部，乙用左掌擋之（見圖 23、圖 24）。

16. 搶　手

甲乙都抬左腳沿對方左腿外側向前上一大步，同時各出左平掌向前搶對方咽喉部，兩搶手相頂而過；各自再抬右腳向相反方向上右弓步，同時出右掌向前平直搶出，目視右搶手（見圖 25、圖 26）。

17. 斜　形

甲乙各自兩手變拳由胸前向兩側平行環弧，拳心向下，兩拳眼相對，右手臂稍低於左手臂，身向右斜，目視對方（見圖 27）。

第六合（乙攻甲守）

第一個動作從三咬手開始，以下全同於第五合各動作。不同點是乙攻甲，即乙先動手攻甲。

收　勢

甲乙各自上身左轉，收右腳與左腳併立為八字形，兩手抱拳，放腰兩側，目視前方。

二、二路少林六合拳

歌訣：

二路六合初開班，一合兩人金絲纏。
我挑他手足踢陰，他用隻手拍撥旋。
我使泰山壓頂勢，他用隻拳架雲山。
我來轉身飛雲腳，他出鐵掌把腿鏟。
三戰三合不分勝，兩人交手飛向前。
他進三捶連打我，我三砸手沖過關。
兩人左右交住手，三劈三打聲震天。
雄獅猛虎重交鋒，二龍戲珠團團轉。
三合進時迎面捶，攔手鳴炮來交戰。
我上虎步進鐵拳，他退一步把拳攔。
我轉身回雙交手，他上一步進鐵拳。
我退一步忙撥拳，他上三步三拳連。

動作名稱及順序

第一合　金絲纏

預備勢

1. 仙人按掌

2. 攔手提手炮

3. 懈手

4. 上步攔手交手

5. 甲挑手飛腳，乙退步撥腳

6. 甲泰山壓頂，乙雙拳架山

7. 甲轉身飛腳，乙回步劈腿

8. 甲乙交手

9. 乙三進錘，甲三砸手

10. 甲乙雙壓手

11. 甲乙三劈掌

12. 二龍戲珠

第二合　進肘劈面掌

13. 上陣交手

14. 甲上步進拳，乙倒步進拳

15. 甲轉身回步進掌，乙上步進拳

16. 甲退步撥手，乙上步進拳

17. 甲乙兩壓手

18. 甲乙三劈掌

19. 二龍戲珠

第三合　雙風貫耳、白馬分鬃

20. 甲乙攔手提手炮

21. 甲乙交手

22. 甲上步雙風貫耳，乙退步接掌推手

23. 甲乙白馬分鬃

24. 甲上步飛腳，乙退步雙手壓腳

25. 甲乙交手

26. 乙上步砸三錘，甲三退步撥手

27. 兩人交手

28. 甲乙三劈掌

29. 二龍戲珠

第四合　連三腳

30. 甲乙攔手提手炮

31. 甲乙交手

32. 甲挑手，左右踢兩腳；乙退步，雙手左右壓腳

33. 乙飛腳踢甲，甲退步壓腳

34. 甲乙交手

35. 乙進三錘，甲三撥手

36. 甲乙三劈掌

37. 二龍戲珠

第五合　雙取陰

38. 甲乙攔手炮

39. 兩人交手

40. 甲上步取陰，乙退步左取陰

41. 甲乙迎面劈錘
42. 甲上步進拳，乙退步取陰
43. 甲乙迎面拳
44. 甲乙咬手
45. 三劈掌
46. 二龍戲珠

第六合　三砸錘

47. 攔手提手炮
48. 上步三砸錘
49. 上步飛腳
50. 反三錘
51. 咬手
52. 迎面三劈拳
53. 二龍戲珠
54. 攔手提手炮
55. 上步交手
56. 退步束身

收勢

圖1

圖2

第一合　金絲纏

（注：穿黑靴者爲甲，穿白靴者爲乙）

預備勢

甲乙兩人面對面站立，兩臂下垂，五指併攏，兩手緊貼大腿外側，手心向裏，掌指向下。目視對方（圖1）。

1. 仙人按掌

雙方兩手由下向外、向上往內畫半弧，經胸前下按，掌心向下，掌指向前。目視對方（圖2）。

圖 3

圖 4

2. 攔手提手炮

甲乙兩人同時左手由下向上、往內格攔，掌落於臉前，左掌心均向右，掌指向上；右掌落下腹臍前，掌心向左，掌指向前，同時左腳上為虛步要有力。右掌由前向下、向後、向上畫弧後變拳，左掌向外摟手畫弧停於小腹前，右拳向前下方擊左掌響亮。同時震右腳，兩腿半蹲，目視對方（圖 3、圖 4）。

圖 5

圖 6

3. 懈　手

甲乙束身，右拳變掌，兩掌相對，摩旋一周（圖 5）。右手外旋，然後，左手翻轉向上，右手在下，兩肘微屈，左手沿右手掌向前懈開變成勾手，向前上方伸出，掌指向上；右手向後屈肘縮立，掌心向左前，掌指向上。同時左腳向前邁半步，足跟提起為虛步，兩腿向下微蹲。目視前方（圖 6）。

圖7

圖8

4. 上步攔手交手

各自右腳向前上一步，右手向前、向上往內放腰間。然後左腳向前上一步，左腿屈膝，右腿蹬直成左弓步，同時出左手向前推掌與對方交手。目視對方（圖7）。

5. 甲挑手飛腳，乙退步撥腳

甲出右手向前挑乙左手（圖8）。甲用右腳向

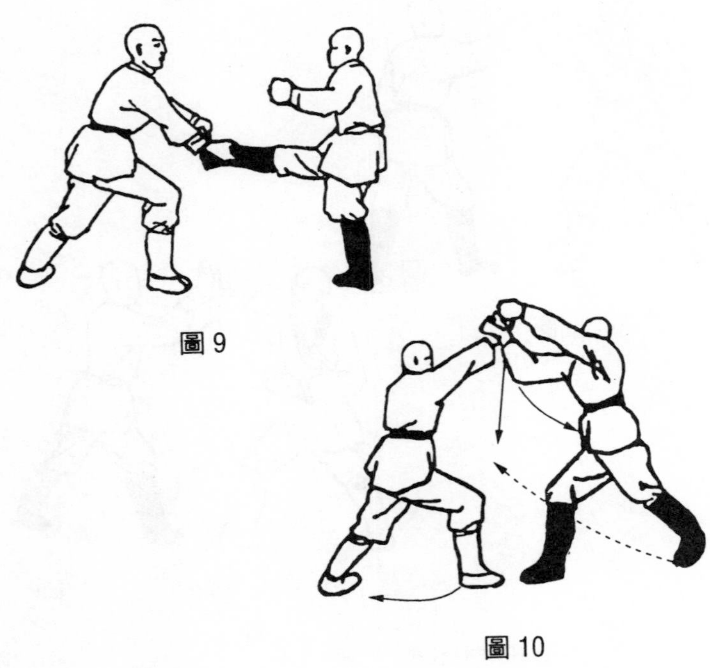

圖 9

圖 10

前踢乙陰部，乙隨之左腳後退一步，出雙手由內向外撥打甲方右腳（圖 9）。

6. 甲泰山壓頂，乙雙拳架山

甲右腳落地，成右弓步，速出雙拳（左拳頂住右拳心）向乙頭上砸擊。乙兩掌變拳，左拳頂住右拳心，右拳背向上，向前用肘頂架住甲兩拳（圖 10）。

7. 甲轉身飛腳，乙回步劈腿

甲收回兩拳，右腳收回半步，右腳碾地，左腳向右後倒一步，身向左轉 360 度，右腳稍向前挪，再抬左腳向前上踢乙陰部。乙在甲左腿踢出時，立即收回右腿成虛步，同時出右掌向前劈擊甲左腿（圖 11）。

8. 甲乙交手

乙右腳踏實，左腳向前上一步，左手向前劈擊甲方，甲左腳落地後成左弓步勢，左掌向前劈擊乙方（圖 12）。

圖 11

圖 12

圖 13

圖 14

9. 乙三進錘，甲三砸手

乙收回左掌，並變拳再向前平擊甲胸部。甲立即出右手向外撥乙左拳（圖 13）。

乙右腳向前上一步，右拳向前平擊甲腹部，甲退左腳向後一步，出左手向外撥乙右拳（圖 14）。

乙左腳再向前上一步，沖左拳，甲再向後退

圖 15

圖 16

右腳一步，用右手撥乙左拳（見圖 13）。

10. 甲乙雙壓手

甲乙同時出擊左手向前劈擊對方，兩人用手互相壓住對方的前臂（圖 15）。

甲乙同時以右手向前劈擊對方，兩人前臂相交，手掌互壓對方腕上部，同時各抬左腳向前上一步，身向左微轉，兩人對面相持（圖 16）

圖 17

圖 18

圖 19

11. 甲乙三劈掌

甲乙同時甩開兩手（圖 17）。甲乙同時出左手向前劈擊對方（圖 18）。再出右手對擊（圖 19）。又出左手劈擊對方（見圖 18）。

12. 二龍戲珠

圖 20

甲乙同出左腳，經右腳前向後移一步，使兩腿成插步，收回左手與右手，同時由外向內畫弧後屈肘，使兩掌在胸前成手背相對的下勾手（圖 20）。

甲乙右腳向左前移上一步，身向左轉 90 度，使兩人面相對，兩手向下分別畫弧後再斜身側展雙臂，高與肩平，兩掌成下勾手。目視對方（圖 21）。

圖 21

圖 22

第二合 進肘劈面掌

13. 上陣交手

甲乙左腳向前上一步，成左弓步。同時右手由內向前、向外再向內攔，然後左掌向前推出，互相劈擊對方臉部，使兩人對陣交手（圖 22）。

14. 甲上步進拳，乙倒步進拳

甲左手用力壓住乙左手腕部，右腳向前上一步，成右弓步，同時右拳向前、向上沖擊乙臉部；乙在甲上右腳時抬右腳向後退一步，成左弓步，隨之出左拳壓撥甲右拳（圖 23）。

圖 23

圖 24

甲左腳向前上一步，成左弓步，左拳向前劈擊乙臉部；乙右腳立即向後滑退一步，仍成左弓步，隨之出左拳向前猛壓撥甲左拳（圖 24）。

15. 甲轉身回步進掌，乙上步進拳

甲兩腳碾地，身向右轉 360 度，左腳向前上一步，再上步成左弓步勢，同時左掌擊乙臉部；乙隨即右腳向前上一步，以左掌擋之（圖 25）。

圖 25

圖 26

圖 27

乙出右拳劈擊甲臉部，甲速上右步用右掌擋之，成兩人交手勢（圖 26）。

16. 甲退步撥手，乙上步進拳

甲左掌用力撥乙左拳，乙左腳向前一步成左弓步，甲右腳向後退一步（圖 27）。乙右腳上為

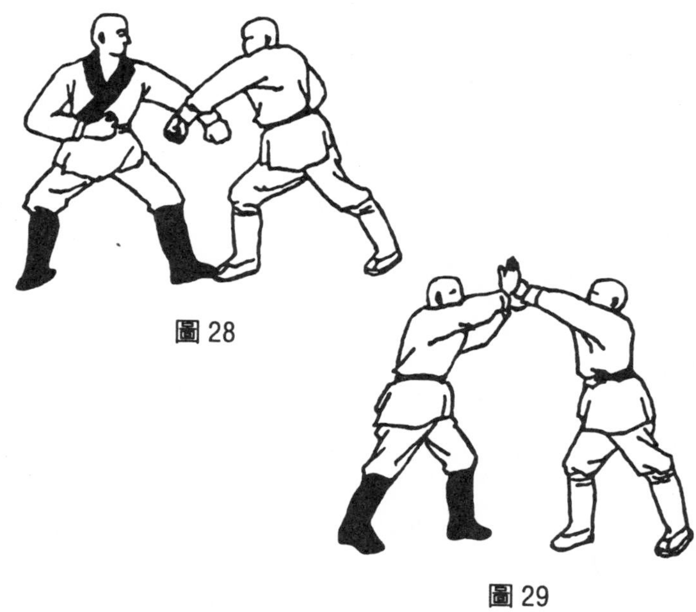
圖 28

圖 29

右弓步，同時出左拳擊甲腹部；甲兩腳碾地，體右轉 90 度，兩腿成馬步，同時以左拳擋之（圖 28）。

17. 甲乙兩壓手

甲左弓步，左手劈乙臉部，乙上右弓步，左手擋之，甲右手挑之（圖 29）。甲右手側立掌向前劈乙，乙即以左掌擋住，兩人的手掌互壓住對方前臂。甲左手向前劈乙，乙即以右掌向前擋

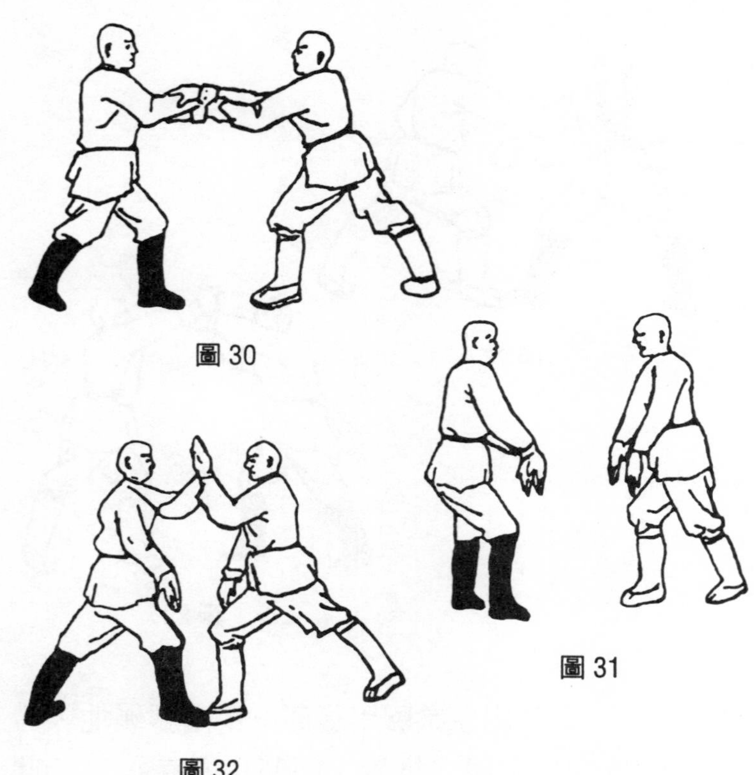

圖 30

圖 31

圖 32

住，兩人的手掌互壓對方前劈，雙手互壓即成兩交手。目視對方（圖 30）。

18. 甲乙三劈掌

甲乙二人同時退左步甩開手（圖 31）。甲出左掌劈乙臉部，乙用左掌擋之（圖 32）。甲右掌

圖 33

圖 34

圖 35

向前劈乙，乙右掌擋之（圖 33）。甲左掌劈乙，乙又用左掌擋之（見圖 32）。

19. 二龍戲珠

甲乙動作同第一合第 12 式（圖 34、圖 35）。

第三合　雙風貫耳、白馬分鬃

20. 甲乙攔手提手炮

甲乙上體向左微轉，左手向上、由外內攔，掌落丹田前，右手隨身由後向上、向前下方擊左掌響亮，同時震右腳，兩腿微蹲，目視對方（見圖3、圖4）。

21. 甲乙交手

甲乙用左掌向對方推出，二人交住手（見圖7）。

22. 甲上步雙風貫耳，乙退步接掌推手

甲右腳向前上一步，右掌向前由外向內劈擊乙左耳面；乙左腳速向後退一步，出左手屈肘向上，反掌遮住耳面，使左手掌與甲右手掌相擊，同時出右手向前推頂甲腹部（圖36）。

甲乙脫手，分別向右前方跳步換位。甲左腳向前上一步，左掌劈擊乙右耳面，乙右腳向後退一步，同時左掌屈肘向上遮擋甲左掌，使雙方的兩掌合擊。乙又以右手向前推甲腹部，甲右手抓

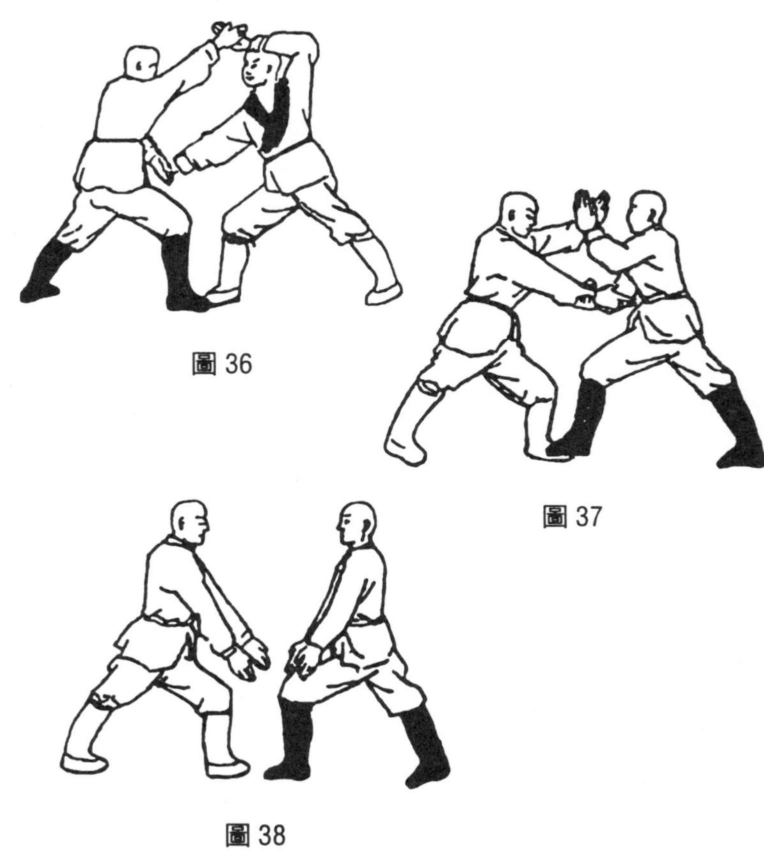

圖 36

圖 37

圖 38

住乙右手前臂（圖 37）。

23. 甲乙白馬分鬃

甲乙兩腳不動，回手變掌經胸前由內經外向下撥開，兩掌心向裏，掌指向下（圖 38）。

圖 39

24. 甲上步飛腳，乙退步雙手壓腳

甲右腳向前、向上踢乙下腹部，乙急退左腳，同時兩手向前擊撥（向外）甲右腳（見圖 9）。

25. 甲乙交手

甲左腳向前上一步，左手向前推乙，乙速退右腳向後一步，左手向前推乙，兩人交住手（見圖 7）。

26. 乙上步砸三錘，甲三退步撥手

乙右腳向前上一步，同時右拳向前砸擊甲腹部；甲左腳向後退一步，同時出右拳向前外撥乙右拳（圖 39）。乙左腳向前上一步，左拳砸擊甲

圖 40

腹部；甲右腳向後退一步，同時左拳向前、向外撥乙左拳（圖 40）。乙再進右腳，砸右拳；甲再退左腳，右拳撥乙右拳（見圖 39）。

27. 兩人交手

上動不停，甲、乙各抬右腳向前上一步。乙左掌劈甲臉部，甲左掌擋住，兩人不鬆手，交在一起（見圖 7）。

28. 甲乙三劈掌

甲乙各抬左腳向前上一步，都以左掌劈擊對方（見圖 18），再出右掌（見圖 19），再出左掌（見圖 18），左右共三掌互擊互擋。

圖 41

29. 二龍戲珠

甲、乙同時左腳經對方右側向前上步，使兩腿成插步，各收回左手與右手同時由外向內畫弧，兩人轉成背對式，兩手向前屈腕成下勾手，右腳向前方移一步，身向左轉 90 度，甲乙兩面相對，兩手下分，經胸前兩臂斜向身兩側伸展，五指併攏下勾（見圖 34、圖 35）。

第四合　連三腳

30. 甲乙攔手提手炮

甲乙身向左轉，左手由外內攔，翻掌向上，掌落丹田穴前（圖 41）。右手隨身變拳，由後向

圖 42

上、向前再向下擊響左掌，同時左腳移右腳內側為虛步，兩腿向下半蹲。目視對方（圖 42）。

31. 甲乙交手

甲乙各自經對方右側向前上步，轉身後成左弓步，同時右手由外向內攔，狠跺右足，再左側立掌，向前劈擊對方臉部，形成雙方交手（見圖 22）。

32. 甲挑手，左右踢兩腳；乙退步，雙手左右壓腳

甲右手向前挑開交手（圖 43）。甲左腳向前踢乙陰部，乙兩手壓甲左腳（圖 44）。甲再彈右

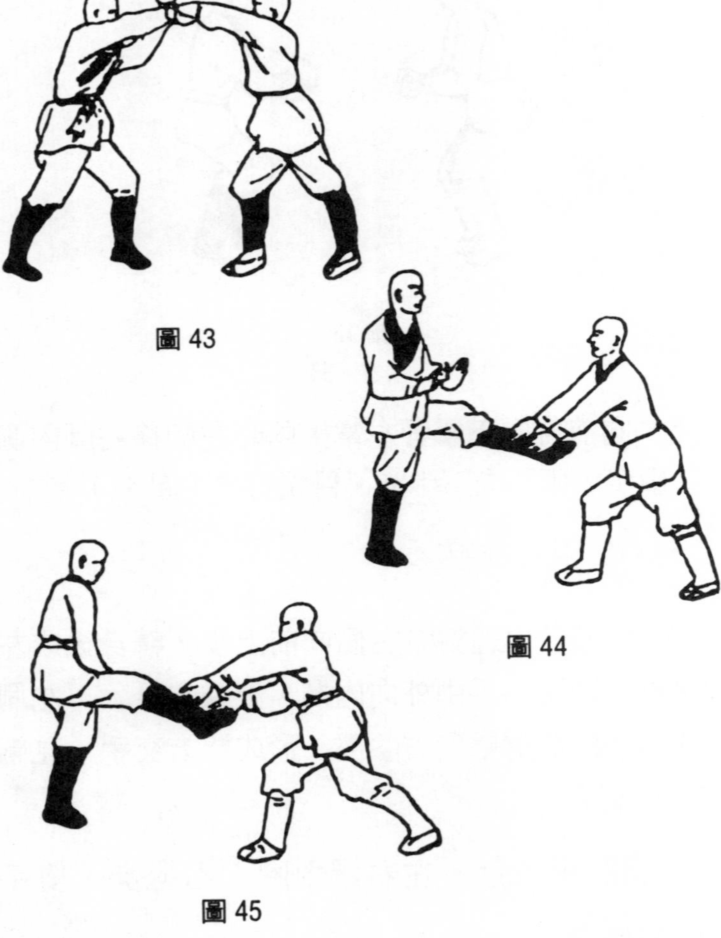

圖 43

圖 44

圖 45

腳踢乙陰部，乙退左腳，同時雙手打壓甲右腳（圖 45）。

圖 46

圖 47

33. 乙飛腳踢甲，甲退步壓腳

乙左腳向前踢甲陰部，甲退右腳向後一步，同時兩手向前撥壓乙左腳（圖 46）。

34. 甲乙交手

乙左腳向後落步，成右弓步，右掌向前劈甲臉部；甲左腳向後退一步，同時右手掌前擋，兩人交住手（圖 47）。

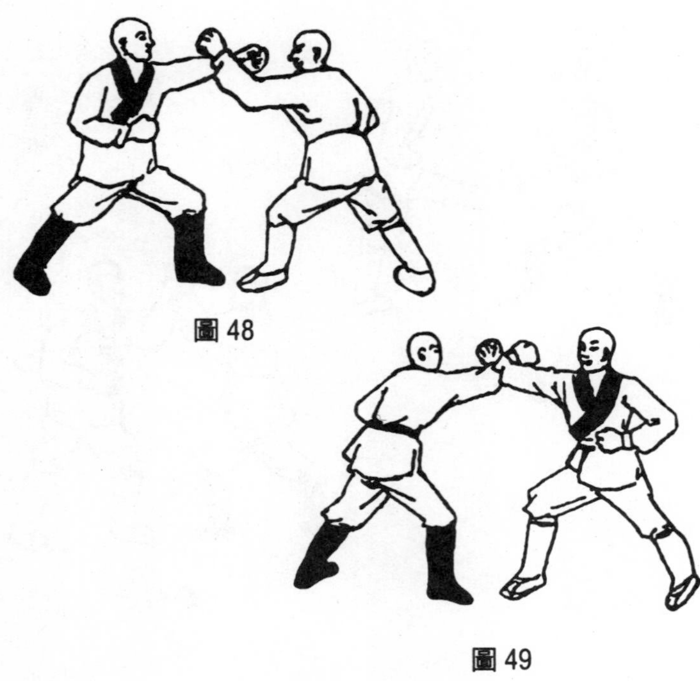
圖 48

圖 49

35. 乙進三錘，甲三撥手

乙左腳向前上步成左弓步，同時左拳平擊甲胸部；甲退右腳，左拳撥乙左拳（圖 48）。乙右腳前上成右弓步，右拳向前平擊；甲退左腳，右拳向外撥之（圖 49）。乙再上左腳成左弓步，左拳向前平擊；甲退右腳，同時左拳向外撥之（見圖 48）。

36. 甲乙三劈掌

甲乙兩腿不變，兩拳變掌，乙右掌向前劈甲臉部，甲右掌擋住（參見圖19）。乙左掌劈甲臉部，甲再用左掌向前擋住（見圖18）。乙右掌劈甲，甲右掌擋住（見圖19）。

37. 二龍戲珠

甲乙兩人同時收回兩手，左腳經右腳前向右移一步，使兩腿成插步，兩手由外向內畫弧，轉成背相對；兩臂內屈，兩手在胸兩側下勾手，掌心向裏，右腳向右前方移一步，上體向左轉90度，兩手隨上體回胸前向兩側平行展出，五指併攏，成下勾手。目視對方（見圖34、圖35）。

第五合　雙取陰

38. 甲乙攔手炮

甲乙同時向左轉，右手向前由外向內攔，左腳與右腳併步震腳，右掌變拳與左掌在胸前平擊，兩腿半蹲，目視對方（見圖3、圖4）。

圖 50

圖 51

39. 兩人交手

甲乙右腳向前成右弓步，右立掌向前劈擊對方，兩人交手（圖 50）。

40. 甲上步取陰，乙退步左取陰

甲左腳向前上成左弓步，左手向前挑開（圖 51），然後右掌變拳，向前沖擊乙陰部；乙退右

圖 52

圖 53

腳成左弓步，左拳擋擊甲右拳（圖 52），同時左拳前擊甲陰部（圖 53）。

41. 甲乙迎面劈錘

甲右拳由下向上、向前砸擊乙臉部，乙退左

圖 54

圖 55

步以右拳擋之（圖 54）。甲上左步，左拳由腰間向上、向前砸擊乙臉部，乙退右步用左拳擋之（圖 55）。甲乙分別經對方右側上步後轉身，甲上右步用右拳擊乙，乙退左步出右拳擋之（圖 56）。

圖 56

圖 57

42. 甲上步進拳，乙退步取陰

甲左腳向前上步成左弓步，左拳向前下擊乙方陰部；乙退右步，以左臂擊擋（圖 57）。甲右腳踢乙陰部，乙左腿後退一步，同時兩拳擊甲右

圖 58

圖 59

腳（圖 58）。

43. 甲乙迎面拳

甲右腳落地，上左腳成左弓步，左拳向前擊乙臉部；乙右腳後退一步，同時左拳擋之（圖 59）。

44. 甲乙咬手

甲乙同時左掌向前劈擊對方，雙方兩手互壓腕部（參見圖 15、圖 16）。

45. 三劈掌

甲右掌向前劈乙臉部，乙右掌擋之；甲左掌劈乙臉部，乙用左掌擋之；甲再出右掌劈，乙用右掌擋之（參見圖 32、圖 33）。

46. 二龍戲珠

甲乙同時上左腳，經右腳前向右上一步成插步，體稍向右轉，兩手由外向內畫弧，然後兩臂由內向外伸展，兩手下勾，體稍向右轉，兩腿成右弓橫勢。目視對方（見圖 20、圖 21）。

第六合　三砸錘

47. 攔手提手炮

甲乙都向左轉，左手向上由外向內攔，同時右掌變拳，在胸前與左掌相擊，兩腿半蹲。目視對方（參見圖 41、圖 42）。

48. 上步三砸錘

甲左腳向前上成左弓步，左拳向前砸擊乙，乙右掌接拳。甲再上右弓步，右拳砸乙，乙退左腳一步，左掌接拳。甲又上左弓步，左拳砸乙，乙退右腳一步，左掌接拳（見圖59）。

49. 上步飛腳

甲左腳向前上一步，急起右腳向前踢乙陰部；乙退左腳向後一步，同時出手向前拍擊甲右腳面。

50. 反三錘

乙左腳向前上成左弓步，左拳向前平擊甲胸部；甲退右腳，以左拳擋之。乙再上右弓步擊出左拳；甲退右腳，以右拳擋之。乙再沖左拳。

51. 咬　手

甲乙左掌向前劈擊對方，兩人以手互相壓住對方腕部（見圖29、圖30）。

52. 迎面三劈拳

甲乙同時先右手、後左手、再右手向前劈擊對方臉部，三次擊掌相接，要有力響亮（參見圖18、圖19）。

53. 二龍戲珠

甲乙左腳前移於右腳前方一步，成插步，兩手由外向內畫弧，右腳向右橫移一步成右橫弓步，兩臂經胸前向兩側伸展，兩手下勾，目視對方（見圖20、圖21）。

54. 攔手提手炮

甲乙兩手由外向內攔，體向左轉，抬右腳與左腳併步，震腳，右掌變拳與左掌在胸前下方相擊，兩腿半蹲（參見圖41、圖42）。

55. 上步交手

甲乙左腳向前上一步，左手向前劈擊對方，兩手相交（參見圖22，二人站位同圖42）。

圖 60

56. 退步束身

甲乙上體右轉，收左腳成左虛步，兩拳變掌，在胸前環抱後，右掌屈肘向上，左拳由右肘下掏出，變掌直臂向下落左大腿外側，目視對方（圖 60）。

收　勢

左腳踏實，並向右腳靠近，挺身，而掌變拳回胸前抱於腰側，目視前方。

三、少林徒手對練

歌訣：

徒手對打南院傳，湛舉和尚授徒驗。
拳腳肘頭胯臀臂，渾身是招功夫全。
虛實進退尋良機，智技力氣融圓滿。
七分武功三分勇，百戰百勝渡萬關。
接招方知少林功，苦練徒手十八年。

動作名稱及順序

1. 起勢
2. 甲乙單手舉旗
3. 甲乙二郎擔山
4. 甲童子送書，乙男子擔柴
5. 甲金剛劈叉，乙敬德把門
6. 甲雙獻鐵拳，乙雙拳迎戰
7. 甲走馬活擒，乙白猿上樹
8. 甲拋屍仆地，乙跪地求饒
9. 甲倒捲黑風，乙獨立舉燈

10. 甲力士推碑，乙登山接寶
11. 甲順勢單鞭，乙退步擔柴
12. 甲走馬擒敵，乙白猴上樹
13. 甲抛屍彈腿，乙馬步下封
14. 甲飛身放剪，乙刀下插鼠
15. 甲反手擒敵，乙豹子斜身
16. 甲行步撩袍，乙雙手邀客
17. 甲仙人轉影，乙猿仙觀日
18. 甲回身撥風，乙一炮沖天
19. 甲挑包捶敵，乙雙手抱腕
20. 甲頭上開花，乙退步觀風
21. 甲閃身含胸，乙換步施錘
22. 甲撥打進攻，乙上下翻封
23. 甲單劍劈石，乙雙角開天
24. 甲拿雲捉月，乙單臂舉鼎
25. 甲泰山壓頂，乙馬步蹲樁
26. 甲獨立提瓶，乙猿猴縮身
27. 甲將軍托鞭，乙近身壓肘
28. 甲撤步開弓，乙退步托鞭
29. 甲轉身挎虎，乙單手牽牛
30. 甲乙豹子張口
31. 收勢

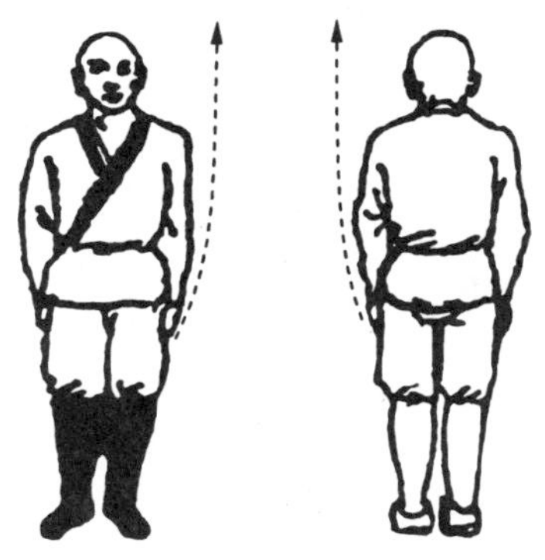

圖1

1. 起　勢

（穿黑靴者爲甲，穿白靴者爲乙）

甲乙站在一條直線上，甲站西邊，乙站東邊，甲面南，乙面北，八字步站立，身胸挺直，兩臂自然下垂，五指併攏，緊貼兩胯外側，掌心向內，掌指向下。目視正前方（圖1）。

2. 甲乙單手舉旗

甲乙同時左手上舉置於頭上左側，掌心向前，掌指向上；右掌護於左肋前側，掌心向下，掌指向左。目視前方（圖2）。

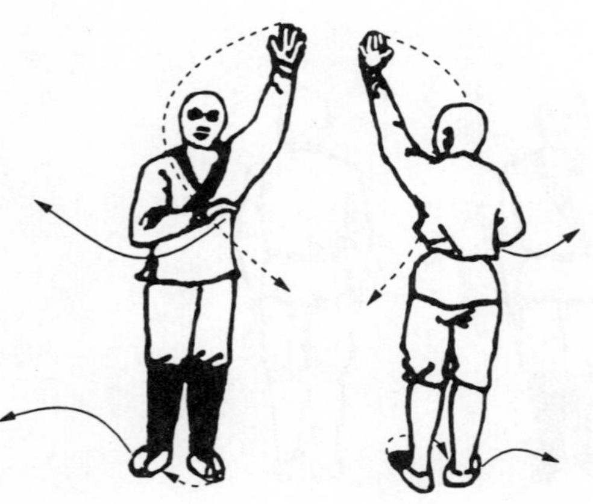

圖 2

圖 3

3. 甲乙二郎擔山

甲乙雙方同時將右腳向右跨一步，左腳碾地右轉，右腿屈膝成右弓步。右掌由左向右推出成正立掌，掌心向右，掌指向上；左掌變成勾手甩向身後置於左側方。目視右掌（圖 3）。

圖 4

4. 甲童子送書，乙男子擔柴

乙兩腳碾地，向左轉體 90 度，左腿屈膝成左弓步。右掌變拳甩於身後右側，掌心向上；左手變拳，向前上方沖出，直擊甲頭。

甲也兩腳碾地，向左轉體 90 度，左腿屈膝成左弓步。兩手向前上方舉，撥乙左拳。雙方互相目視（圖 4）。

5. 甲金剛劈叉，乙敬德把門

甲左腳碾地外旋，抬右腳向前上一步，落地屈膝成右弓步。左手變掌，抓住乙右手腕向下按；接著急用右手由上向下穿向乙右臂外側，再

圖 5

穿乙右腋內側，擒住乙劈來的掌。

乙抬右腳向前上半步，落地後又抬左腳後退一步，屈右膝成右弓步。右拳變掌由後向前劈打甲頭，被甲左手拿住，右拳由前向後甩擊，拳心向外，拳眼向內。互相目視（圖 5）。

6. 甲雙獻鐵拳，乙雙拳迎戰

甲兩腳不動，右手由乙腋下抽出，左手與右手抓握在一起，連用反臂拳捶擊乙胸部。

乙迅速抬兩腳起跳前後換步，右拳變掌，屈肘收回抓甲左掌，雙手用力推甲雙手，雙方相持不讓。互相目視（圖 6）。

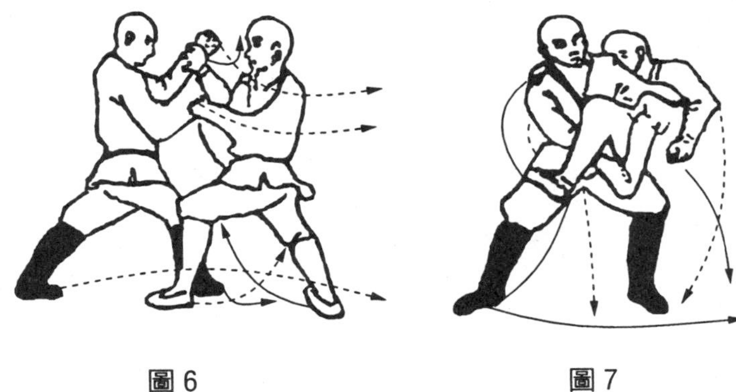

圖 6　　　　圖 7

7. 甲走馬活擒，乙白猿上樹

甲右腳抬起向前滑步，伸左手從乙胸前向左外摟，抱住乙前腰，向下伸右手托抓乙右腿向上提，將乙拿在左肋下。目視前方。

乙被甲拿起，兩腿屈膝，右手扳住甲右肩，左手護住左胯，掌心向內。目視甲後背（圖 7）。

8. 甲拋屍仆地，乙跪地求饒

甲右腳上前一大步，將乙拋向身後，接著兩腳碾地，身體向左轉 90 度，左腿屈膝全蹲成右仆步，雙掌仆地。目視乙頭臉和雙掌。

乙雙足落地向左轉體 180 度，兩腿屈膝成跪

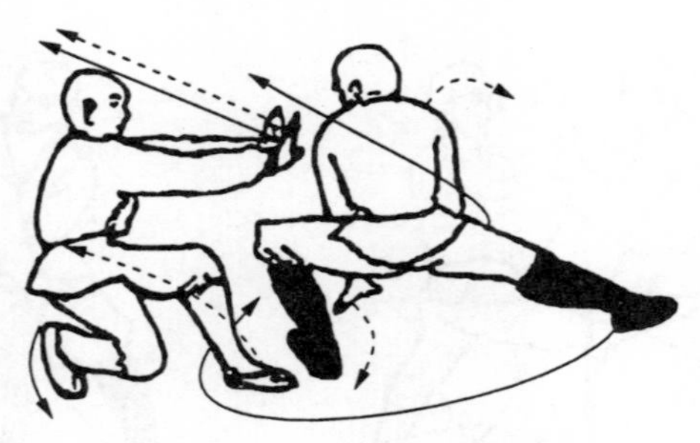

圖 8

步，雙掌直臂向前推出成立掌，掌心向前，掌指向上，防止甲攻擊。目視甲全身（圖 8）。

9. 甲倒捲黑風，乙獨立舉燈

甲以左腳為軸，兩腳碾地向右轉，用右腿後扭堂半圈，體右轉 180 度。然後起身變成右弓步，兩手離地變拳，向左右兩側展開，兩拳高與腰平，拳心向下，拳眼向前。目視乙全身。

乙右腳跟落地，抬起左腿成獨立式。右掌變拳收於腰間前側，拳心向內，拳眼向上；左掌由下向上直臂舉於側上方，掌心向上，掌指斜向後。目視甲全身（圖 9）。

圖 9

圖 10

10. 甲力士推碑，乙登山接寶

甲兩腳離地向前墊跳半步，落地屈膝成右弓步。雙拳向前直臂沖擊，拳心向下，兩拳眼相對，擊乙胸膛。目視乙胸部和雙手。

乙左腳在前方落於甲右腳外側後方，體右轉 90 度，右腿屈膝成右橫弓步。左掌變拳，屈肘上架甲兩拳；右拳變掌，屈肘上蓋擠住甲雙拳。目視甲兩拳（圖 10）。

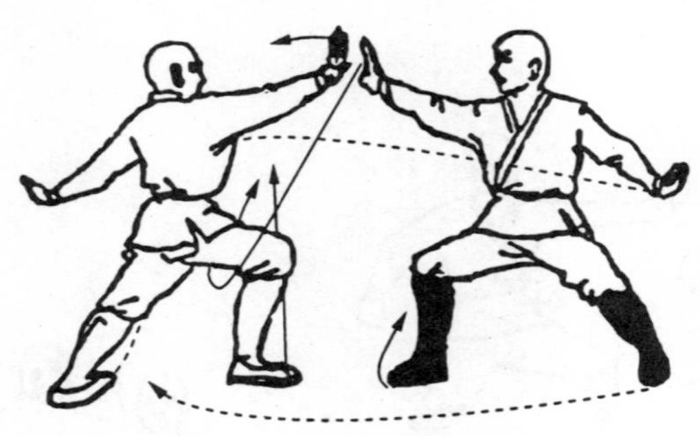

圖 11

11. 甲順勢單鞭，乙退步擔柴

甲左腳碾地外轉，雙拳向後抽出，右拳變掌向乙猛推，成正立掌，掌心向前，掌指向上；左拳變勾手甩擊於身後左側，兩臂伸直成一條線。目視乙頭臉。

乙兩腳碾地，向左轉體 90 度。抬左腳後撤一步，落於右腳後方蹬直，右腿屈膝成右弓步。右掌直臂向前推出，成正立掌，掌心向前，掌指向上；左掌展於左側後方，掌心向後，掌指向上，兩臂成一條直線。互相目視（圖 11）。

圖 12

12. 甲走馬擒敵，乙白猴上樹

甲右腳碾地外旋，左腳上前一大步，成左大弓步。左勾手變掌，由後向前穿到乙胸前抱住乙前腰；右掌快速向下抓托乙右腿後側向上猛提，將乙夾在左肋下托平。目視前下方。

乙被甲拿住，雙足離地，屈膝內收兩腳，右掌抓住甲右肩。左掌護於左肘前側，掌心向內，掌指向右。目視甲左肩和頭部（圖 12）。

13. 甲拋屍彈腿，乙馬步下封

甲以左腳為軸向左轉體，右腳離地抬起，落左腳前半步，身體向左猛抖，將乙摔到身後，以左腳為軸向左轉體 180 度，速抬左腳向乙踢擊。

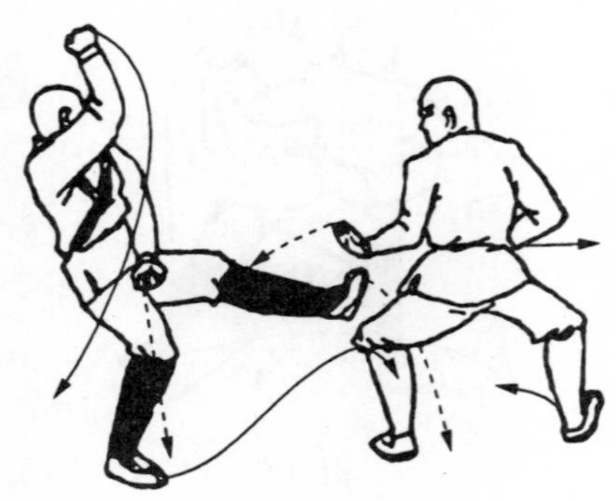

圖 13

兩掌變拳，右拳架於頭上前方，拳心向左，拳眼向後；左拳護於襠前部，拳心向右，拳眼向前。目視乙左手和頭面。

乙被摔後，向左轉體 180 度，兩腳落地屈膝成馬步。右掌護於右肋前側，掌心向左，掌指斜向上；左掌封拍甲左腳面。目視甲頭面和兩手（圖 13）。

14. 甲飛身放剪，乙刀下插鼠

甲雙腳離地，向乙腿夾擊，左腳在下放於左腳前，用腳鉤住乙左腳後跟；右腳在上蹬擊乙左膝下外側，欲將乙蹬擊倒地或夾倒在地。兩拳變掌，扶於右側地上。目視乙全身。

圖 14

乙兩腿變成左弓步，左掌向甲左胯插來，掌心向右，掌指斜向下；右掌甩於身後右側，掌心向後，掌指向下。目視甲全身（圖 14）。

15. 甲反手擒敵，乙豹子斜身

甲右腿屈膝收回，左腳向前蹬起，變成左高弓步。左手迅速抓乙左手腕，向左側拉；右掌按壓乙肩。目視乙頭和臂。

乙右腳碾地外轉屈膝成右弓步，左臂被擒住，右掌護於右膝蓋上。目視甲前腳（圖 15）。

圖 15

圖 16

16. 甲行步撩袍，乙雙手邀客

甲左腳碾地內轉，腳跟離地。右手向前沖擊乙頭部，被乙左手勾住；左掌後撩置於身後左側，掌心向上，掌指斜向後。

乙兩腳碾地，身體向右傾，變成右弓步。兩手同時用力，合力抓甲右手，用力向右側猛拉。互相目視（圖 16）。

17. 甲仙人轉影，乙猿仙觀日

甲兩腳碾地向左轉體 180 度，右掌變拳掙脫護於身後右側，拳心向內，拳眼向外；左掌護於胸前，掌心向下，掌指向右。目向後視。

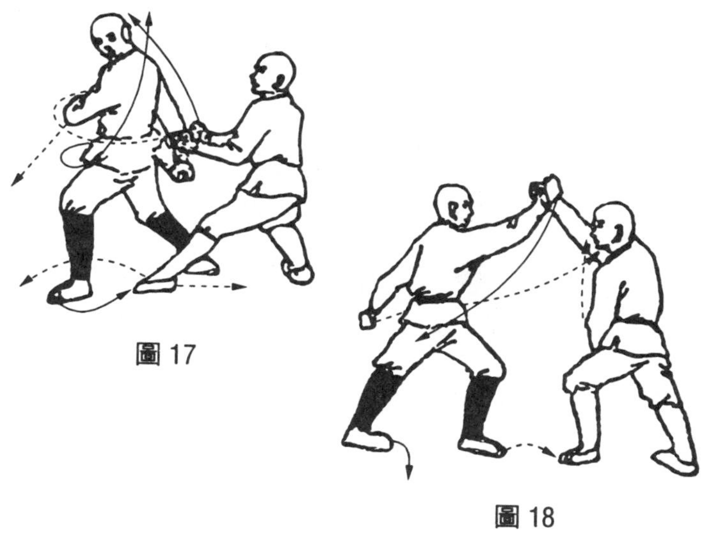

圖 17

圖 18

乙兩腳碾地，左轉屈右膝成虛步，兩掌變拳護胸前，拳心向上。目視前上方（圖 17）。

18. 甲回身撥風，乙一炮沖天

乙在甲身後，收左腳成高弓步。右拳直接上沖，擊甲後腦；左拳護於胸前，兩拳心向左。目視甲頭面。

甲右腳抬起向前半步，兩腳快速碾地向左轉體 180 度，左腿屈膝，變成左弓步。右拳隨轉身向上、向左撥擊乙右拳；左掌變拳甩於身後左側，拳心斜向下。目視乙臉部和右拳（圖 18）。

圖 19

19. 甲挑包捶敵，乙雙手抱腕

甲雙足向前墊跳半步，左拳由後向前上方猛擊乙下巴，拳心向後；右拳變掌向後擺於身體右側下方，掌心向左，掌指向下。目視乙頭面和雙手。

乙兩腳不動，兩拳收回胸前，抱住甲左拳，用力挾擠。目視甲拳（圖 19）。

20. 甲頭上開花，乙退步觀風

甲右腳滑步前移，右掌變拳由後向前上方沖擊乙頭部，拳心向下；左拳收回向下護於襠前部，拳心向內。目視乙頭部。

乙雙足向後滑步，左拳變掌護於左肋，掌心

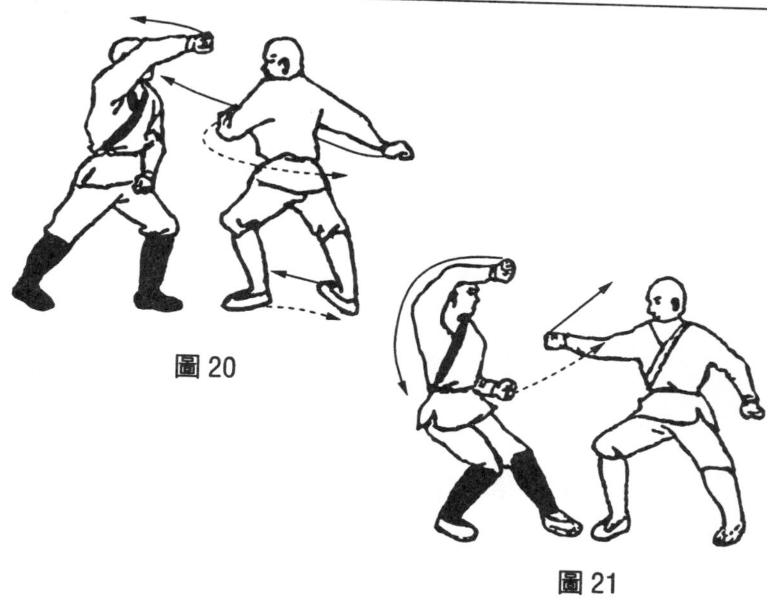

圖 20

圖 21

向內；右掌變拳後甩於右側後方，拳心向下。目視甲頭和右拳（圖 20）。

21. 甲閃身含胸，乙換步施錘

乙兩腳前後滑步，換步屈膝成右弓步。右拳由後旋前擊出，直打甲頭面，拳心向左；左拳甩於身後左側，拳心向後。目視甲頭面。

甲右腿屈膝，身體後仰閃開乙右拳的沖擊。右拳向後收護於頭上前方，拳心向下；左拳也後收，拳心向右，目視乙右拳和頭面（圖 21）。

圖22

22. 甲撥打進攻，乙上下翻封

甲左腿屈膝成左弓步，左拳向前擊打乙右肘彎，拳心向下；右拳由上向後甩擊，拳心向上。目視乙全身。

乙右拳略上舉，拳心向前；左拳在身後左側不變。目視甲右拳和頭面（圖22）。

上動不停，甲右腳向前一步，落於左腳前，然後左腳碾地外轉，右腿屈膝成右弓步。右拳由後向前擊乙頭部；左拳後擺於左側後方，拳心向左，目視乙頭部。

乙兩腳離地換步，前後落地屈膝成馬步，閃開甲上方來拳。左拳變掌向甲右肋側下方推來，掌心向前，掌指斜向上；右拳變掌收回護於右肋

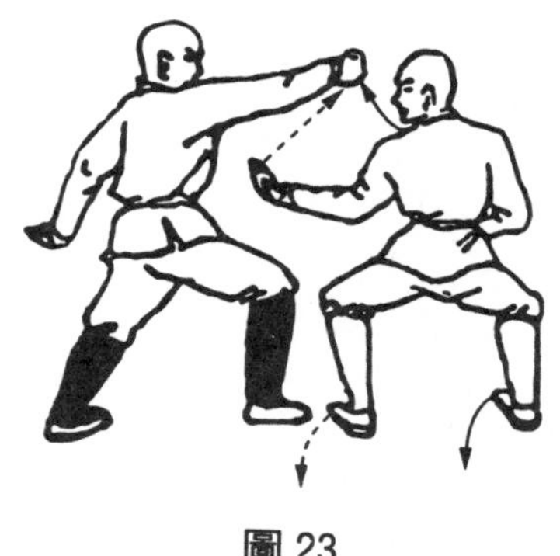

圖 23

圖 24

下。目視甲右拳（圖 23）。

23. 甲單劍劈石，乙雙角開天

甲用拳打乙頭部，目視乙頭面和雙手。乙馬步兩腳碾地，向左轉體 90 度，左腿屈膝變成左弓步。雙掌向上架甲右拳，目視甲拳（圖 24）。

圖 25

24. 甲拿雲捉月，乙單臂舉鼎

甲左腳抬起向前上一步落地，屈膝成左高弓步，左拳變掌由後向前上方向外切擊乙手腕。目視乙頭面和雙手。

乙右腳離地向前移半步落地，左腳抬起後退一步，落地屈膝成右弓步。右掌反手向上架，拿住甲手腕，左掌變拳擺於身後左下方，護於胯後左側，拳心向右，拳眼向內。目視甲雙手和頭面（圖 25）。

25. 甲泰山壓頂，乙馬步蹲樁

甲用右手抓住乙右手腕，用力向身前猛拉；

圖 26

用左掌向乙頭上猛力按壓，同時左腳再向前滑步加力，使乙身體下坐，目視乙頭部。

乙兩腳碾地，向左轉體 90 度，成馬步下蹲。右手被甲捉住，左手拳心向外，護於左胯後。目視前方（圖 26）。

26. 甲獨立提瓶，乙猿猴縮身

甲右手向乙右臂下穿進去，向上抬乙右臂；左手抓乙頭向上提，同時抬右腿抵乙後背。目視乙頭部。

乙被甲抓住難脫，兩腳碾地，向左轉體 90 度，提左腿後退一步，落於右腳內側半步，屈膝成馬步。右臂被抓在身後，左拳在左側下方，拳

圖 27

圖 28

心向後，護於左肋外下側。目視前上方（圖 27）。

27. 甲將軍托鞭，乙近身壓肘

乙兩腳抬起，向左轉動落地，體左轉 180 度。用右手抓甲左手，用左肘擊甲左臂和左肘，用左拳擊甲面門，身向前傾靠，目視甲左臂。

甲左腳落地，右手變拳向右後方甩擊，拳心向後。目視乙左拳（圖 28）。

圖 29

28. 甲撤步開弓，乙退步托鞭

甲抬左腳後退一步落地，兩腳碾地向左轉體90度，兩腿屈膝半蹲成馬步。右拳由後向右側沖擊乙胸腹；左手收回，屈肘護於胸前，掌心向右，掌指斜向前。目視乙全身。

乙右腳向後滑，屈膝成左弓步。左拳變掌由上向下封拍甲右拳，屈肘下壓；右手變拳，向後擺於身後右側，拳心向下。目視甲右臂（圖29）。

29. 甲轉身挎虎，乙單手牽牛

甲左右腳換步，向右轉體90度，左腳在前方屈膝成左弓步。右臂屈肘內收，左手由後向前按住乙左手。目視乙頭面。

圖 30

圖 31

乙右腳跟離地，腳尖點地。左拳向後拉，相持不放。目視甲頭面和雙手（圖 30）。

30. 甲乙豹子張口

甲乙右腳同時碾地向外轉，向右轉體 90 度。抬左腳落於右腳內側前方，腳尖點地。左掌收回護於左肋前外側，掌心向前，掌指向上；右拳變掌上舉於頭上右側，掌心向下，掌指向左。目視左側（圖 31）。

31. 收　勢

甲乙雙方右腳後退與左腳併步站立，成八字步，身胸挺直。左右掌由上向下落於兩胯外側，兩臂下垂，兩掌心向內，兩掌指向下。目視正前方。

四、少林格鬥對練

動作名稱及順序

1. 起勢
2. 甲乙二郎擔山
3. 甲乙敬德舉鞭
4. 甲施沖天炮，乙用猿搬枝
5. 甲黃龍攪水，乙青龍出海
6. 甲退步橫雲，乙二郎擔山
7. 甲大仙斬蛇，乙黑風捲地
8. 甲單手牽羊，乙黑熊現臂
9. 甲雙手獻禮，乙雙手迎客
10. 甲老雕抓雞，乙佛頂摸珠
11. 甲仙人請客，乙同赴前程
12. 甲童子彈踢，乙羅漢坐山
13. 甲獨龍出洞，乙獨立托斗
14. 甲白蛇盤肘，乙銀絲纏腕
15. 甲捲地黃風，乙退步牽牛

16. 甲外步墜身，乙弓步壓肩
17. 甲單鳳展翅，乙張飛扛樑
18. 甲轉身甩袖，乙單臂敲鐘
19. 甲跳步打虎，乙換步提防
20. 甲退步誘敵，乙鐵拳趕上
21. 甲白猿搬枝，乙羅漢鑽井
22. 甲拉舟過河，乙順水行船
23. 甲生擒猛虎，乙回身摘月
24. 甲進身頂肘，乙仰身推月
25. 甲羅漢投井，乙井內拋石
26. 甲倒掛玉瓶，乙羅漢攬臂
27. 甲飛身行空，乙肋下進寶
28. 甲地下鉤磚，乙雙方提瓶
29. 甲雙手擒敵，乙金鉤倒掛
30. 甲倒捲旋風，乙劉海推磨
31. 甲老鷹抓雞，乙滾肘拜佛
32. 甲仆地游龍，乙力拉雙牛
33. 甲單刀切瓜，乙單手撥雲
34. 甲單臂橫掃，乙雙手托印
35. 甲左手前穿，乙左手封閉
36. 甲海底撈月，乙豹子抬爪
37. 甲順手牽羊，乙順水推舟

38. 雙方劉海推磨

39. 雙方跨虎登山

40. 雙方羅漢擔柴

41. 雙方單手摘月

42. 收勢

1. 起　勢

（穿黑靴者爲甲，穿白靴者爲乙）

甲站東頭面北，乙站西頭面南，站在一條直線上，兩足八字步站立，身胸挺直。兩掌護於胸前，掌心相對，掌指向上。目視正前方（圖1）。

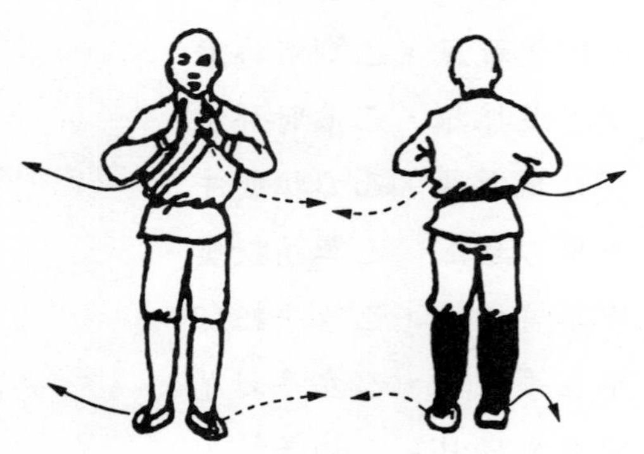

圖1

2. 甲乙二郎擔山

甲乙左腳抬起都向左側橫跨一步，兩腳碾地，向右轉體 90 度，右腿屈膝，左腿蹬直成右弓步。雙方兩掌由胸前向前後兩側展開，兩掌心向外，掌指向上，高與肩平。目視右掌（圖 2）。

3. 甲乙敬德舉鞭

甲乙雙方同時兩腳碾地，身體向左轉 180 度，左腿屈膝，右腿蹬直，成左弓步。兩掌變拳，左拳翻腕向上，高與頭平，腕部相擊，拳心向右；雙方右拳擺於身後右側，拳心向下，高與腰平。互相目視（圖 3）。

圖 2

圖 3

圖 4

4. 甲施沖天炮，乙用猿搬枝

甲抬右腳向前上一步，落地後兩腳向左碾地，向左轉體 90 度，兩腿微屈膝，成高馬步。同時右拳屈肘向右上方沖擊，拳心向前；左拳護於左髖外側，拳心向內，目視乙臉部。

乙兩腳離地，前後換步，右腿在前微屈膝，成高弓步。右拳變掌，由後向前推甲右肘，左掌反手抓住甲右手腕部，兩人相持不讓。乙目視甲頭面（圖 4）。

圖 5

5. 甲黃龍攪水，乙青龍出海

甲左腳向外碾地，成大弓步。右拳由外向下再向裏攪臂進擊乙胸部。乙右腳離地，向前上半步落地，屈膝成右弓步。左掌緊隨甲右腕旋轉不放，將其推至右腋外下側，屈肘抓緊，又用右掌穿擊甲右肋。甲迅速將左拳變掌，抓住乙右掌，屈肘拉在右腋下，兩人相持不讓。互相目視頭面（圖 5）。

6. 甲退步橫雲，乙二郎擔山

甲左腳碾地向右轉體 90 度，抬右腳後退一步落地，屈膝成左弓步。左掌變拳由下向上沖擊，

圖 6

拳心向右；右掌變拳護於右髖外側，拳心向上，拳眼向外。目視乙右拳。

乙兩腳不動，兩掌變拳，右拳沖撥甲左拳，拳心向左；左拳擺於身後，拳心向右。目視左拳（圖 6）。

7. 甲大仙斬蛇，乙黑風捲地

甲右腳向外碾地變成大弓步，左拳下栽，直擊乙右小腹，拳心向下；右拳架於身後，拳心向右，目視乙臉部。

乙屈膝全蹲避過來拳，以右腳為軸碾地，用左腿由後向前掃甲左腿。右拳變掌仆地支撐，左拳變掌抓甲左手腕。目視甲臉部（圖 7）。

圖 7

圖 8

8. 甲單手牽羊，乙黑熊現臂

甲兩腳原地不動，左手用力拉乙左手腕，向身體左側上提。乙左手猛然由掌變拳，沖擊甲腹部。甲左手用力內擰，急用右拳變掌抓按乙肘尖處。乙右掌提起置於身體右側，掌心向內。甲乙互相目視（圖 8）。

9. 甲雙手獻禮，乙雙手迎客

乙右腳碾地內轉，左腿屈膝成左弓步。右臂

圖 9

圖 10

屈肘，伸右手抓甲右手。甲右腳跟提起，用左手抓乙右手腕。乙再用左手翻腕抓甲右手腕，雙方都抓住不放。目視對方臉部（圖 9）。

10. 甲老雕抓雞，乙佛頂摸珠

甲抬左腳向後退半步，再抬右腳向前上一步落地屈膝，成右弓步。左手翻腕抓住乙左手腕，向身體左側下拉，再用右手抓乙頭部。目視乙頭。

乙兩腳碾地，向右轉體 90 度，兩腿屈膝成馬步，速出右掌按壓甲右手。目視前方（圖 10）。

圖 11

11. 甲仙人請客，乙同赴前程

甲左腳碾地向外轉體，同時右手由乙頭上向下拉。乙兩腳不動，身體直立，用右手反抓甲右手腕。甲右手也反抓乙右手腕，推在乙腰間；左手抓乙左手腕向上微提，夾在右腋下。甲目視乙臉部，乙目視甲左手（圖 11）。

12. 甲童子彈踢，乙羅漢坐山

甲左腳碾地內轉，抬右腳向乙背後腰間踢擊。左掌變拳上架於頭前上方；右手收回，屈肘變拳，護於右腿上方，兩拳心向左，拳眼相對。目視乙右掌。

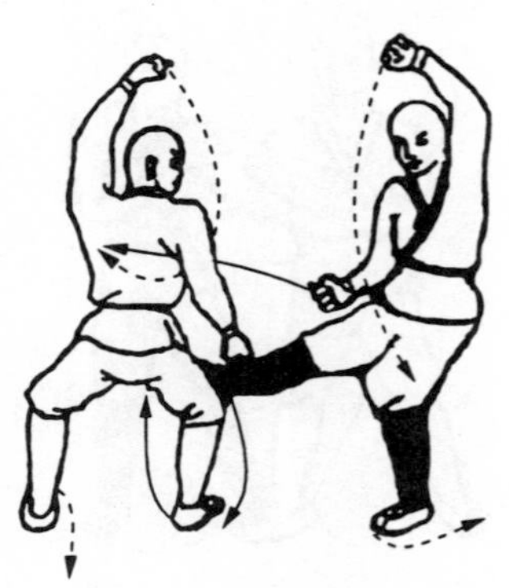

圖 12

乙以右腳為軸，碾地右轉，左腳離地向右側移，體右轉 180 度，兩腿屈膝變成馬步。同時速用右掌向下拍甲右腳面；左掌橫架頭前上方，掌心向前，掌指斜向上。目視甲右拳（圖 12）。

13. 甲獨龍出洞，乙獨立托斗

甲右腳向前方上一步，左腳向外碾地，右腿屈膝成右弓步。右拳變掌直向乙右肋穿擊，掌心向下；左拳下落於身後左側，拳心向內，拳眼斜向左。目視乙右肩。

乙左腳碾地內轉，右腿上提，向右轉體 90 度。左手下落抓甲右腕，再用右掌向外撥甲右前臂，然後反手纏住甲右肘彎後側，掌心向左。目

圖 13

圖 14

視甲右臂（圖 13）。

14. 甲白蛇盤肘，乙銀絲纏腕

甲兩腳向內碾地轉動，弓步不變。右臂屈肘向右上方外翻，欲壓乙右臂；左拳外翻，拳心向上，後鉤於身後左側。

乙右腳尖下落點地，右手再向內擰纏甲右手腕，左手變拳甩於身後左側，拳心向上。都目視對方（圖 14）。

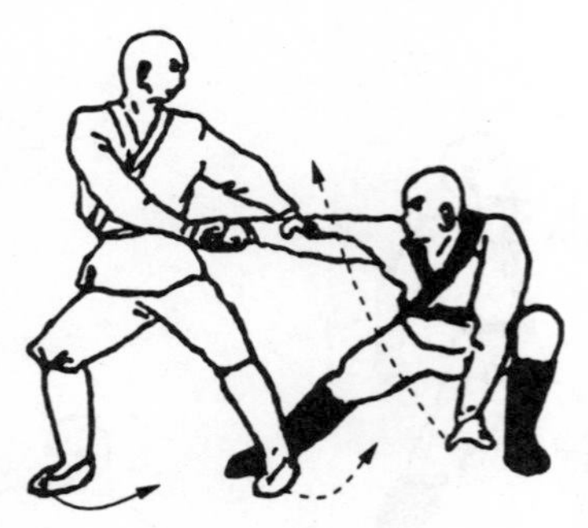

圖 15

15. 甲捲地黃風，乙退步牽牛

甲左腳抬起向前移步，落地屈膝全蹲，伸右腿掃擊乙下肢。左拳變掌，按於左腳內側，右掌下拉。目視乙兩手。

乙抬右腳後退一步落地屈膝，左腳向內碾地，成右弓步，同時向右轉體 90 度。右手抓住甲右手腕，左手按甲右肘。目視甲臉部（圖 15）。

16. 甲外步墜身，乙弓步壓肩

甲兩腳不變，用左掌向上穿擊乙左手。目視乙兩手。

乙兩腳碾地，向左轉體 90 度，左腿屈膝成弓步。右手翻腕抓甲右手腕，左手按甲右上臂下

圖 16

圖 17

壓。目視甲右臂（圖 16）。

17. 甲單鳳展翅，乙張飛扛樑

甲右腳碾地內旋，向左轉體 90 度，屈膝成左弓步。左掌變拳後甩於身後左上側，拳心向後，右手臂被乙拿住。目視乙兩臂。

乙兩腳離地前後換步，成右弓步。右掌挑起甲右臂，左掌與右掌合掌，掌指向上。目視甲左拳（圖 17）。

圖 18

18. 甲轉身甩袖，乙單臂敲鐘

甲右腳離地向前上一步，落地後兩腳碾地向左轉體 180 度，屈膝成左弓步。左拳向前上方撥擊來拳，拳心向左；右拳收回，擺於身後右下側，拳心向下，目視乙右拳。

乙左腳向內碾地，左弓步不變，右掌變拳沖擊甲頭上方，向左撥甲左拳；左掌變拳擺於身後左側，拳心向左。目視甲左拳（圖 18）。

19. 甲跳步打虎，乙換步提防

甲雙足離地起跳，向前半步落地，屈膝成左弓步。右拳由後向前上方扣擊乙頭部，拳心向

圖 19　　圖 20

左，拳眼向上；左拳收回置於左腿前側，拳心向內。目視乙兩眼。

乙兩腳離地前後換步，成左弓步。右拳收回置於髖後外側，拳心向後；左拳收回護於左髖前外側，拳心向內。目視甲面門（圖 19）。

20. 甲退步誘敵，乙鐵拳趕上

甲抬左腳後退一步，落地屈膝成右弓步。右拳收回，向前上方撩擊，拳心向上；左拳向後撩擊置於身後左側，拳心向上。目視乙右拳。

乙兩腳離地，前後換步，成右弓步。右拳向甲頭上沖擊，拳心向上；左拳後撩於身後左側，拳心向上。目視甲臉部（圖 20）。

圖 21

21. 甲白猿搬枝，乙羅漢鑽井

甲兩腳不動，右膝略內收，成高弓步。同時右拳向上撥擊乙右拳，拳心向內；左拳內旋收回，拳心向內，護於身後左側。目視乙右拳。

乙兩腳左旋，向左轉體 90 度，兩腿成馬步。右拳由上向下，栽擊甲右膝前上側，拳心向內下方；左拳收回護於左肋外側，拳心向上。目視右拳（圖 21）。

22. 甲拉舟過河，乙順水行船

甲抬左腿上一步落地，兩腳碾地向右轉體 90 度，成右弓步。兩拳變掌，右掌抓乙右手腕，左

圖 22

圖 23

手拿乙右肘由左向右拉推。目視乙右臂。

乙兩腳碾地，向右轉體 90 度。右拳被甲拉住，左拳護於右髖外側，拳心向後。目視甲面門（圖 22）。

23. 甲生擒猛虎，乙回身摘月

甲右腳碾地內轉，右手抓乙右手腕不放，左掌屈肘翻臂，用肘尖壓乙右上臂。

乙左腳碾地，向左轉體 90 度，成橫弓步。右臂被甲拿住不放，左手護於胸前，掌心向後。互相目視（圖 23）。

上動不停，乙右腳向內側滑步，兩腳碾地，向左轉體 180 度。抬左腳略離地，再向左側上一

圖 24

圖 25

步，落地後屈膝成高弓步。用左掌由右向左推甲下巴，掌指向上，目視甲頭部。

甲左腳向後滑半步，腳尖點地成高虛步，兩手抓乙右手不放。目視乙左掌（圖 24）。

24. 甲進身頂肘，乙仰身推月

甲右腳離地向前一步，左腳離地退半步，落地屈膝成右弓步。右手抓乙左手下擰，左手再抓乙左手腕用力下拉，同時用右肘尖壓乙前胸。目視乙臉部。

乙兩腳不動，身體向後仰，左手向前推甲，閃開甲肘尖。目視甲右肘（圖 25）。

圖 26

25. 甲羅漢投井，乙井內拋石

甲兩腳碾地，向左轉體 90 度，兩腿變成馬步。左手向下拉乙左手，右手向右推乙右手，身體向前探。目視乙兩腳。

乙兩腳碾地左轉，變成高馬步。左掌向下按甲左掌，右掌拉抓甲右掌，屈肘拉至腹前，身體也向前探。目視甲左掌（圖 26）。

26. 甲倒掛玉瓶，乙羅漢攬臂

甲左手拉乙左手置於左肋下，右手抓乙右肩。目視乙頭部。

乙左手攔在甲腹前，右手伸向甲右大腿後下

圖 27

圖 28

方，馬步下降。目視甲兩腿前方（圖 27）。

27. 甲飛身行空，乙肋下進寶

甲雙足離地向後做一個倒翻子，落地後兩腿成高馬步。右掌抓住乙右腕，左掌抓住乙右手梢。

乙左掌變拳，挑擊甲右肘彎，拳心向上。目視前下方（圖 28）。

圖 29

圖 30

28. 甲地下鉤磚，乙雙手提瓶

甲向前探身，用左掌變拳勾擊乙小腿，右掌變拳橫攔乙腹。

乙兩腿不變，雙手托住甲右臂向上拉。互相目視（圖 29）。

29. 甲雙手擒敵，乙金鉤倒掛

甲左腳離地內收半步，左拳變掌，向上抓住乙左手腕；右拳翻腕變掌，抓住乙右手向回拉。

乙抬左腿鉤住甲右小腿。互相目視（圖 30）。

圖 31

圖 32

30. 甲倒捲旋風，乙劉海推磨

甲單腳離地向後旋轉 180 度，乙單腳離地向左前跳轉 180 度，落地後兩腳一步間隔，四手相抓，互不相讓。彼此相視（圖 31）。

31. 甲老鷹抓雞，乙滾肘拜佛

甲右臂被乙拿住，左腳向內旋轉，身體前傾。左手向前抓擊，掌心向下。目視乙兩手。

乙右腳向外旋轉，兩手擠住甲右臂，向前滾肘探身，雙手合十。目視前方（圖 32）。

圖 33

32. 甲仆地游龍，乙力拉雙牛

甲左腳碾地外轉，屈膝全蹲成右仆步。右臂被乙抓住，左掌按地後又彈起經腋下穿擊乙手。

乙右腳內旋，成左弓步。右手抓甲右手腕，左手抓甲左手梢，用力拉牽。互相目視（圖33）。

33. 甲單刀切瓜，乙單手撥雲

甲起身，右腳後滑半步，右掌抽回後由下向上再向右掄劈乙頭部。乙右腳外旋變成左弓步，左掌由下向上再向左撥打甲右掌。甲左掌和乙右掌都展於身體後方，掌心向前，掌指斜向下。互

圖 34

圖 35

相目視（圖 34）。

34. 甲單臂橫掃，乙雙手托印

甲兩腳不動，用右臂壓下乙左臂，用力橫掃，欲將乙掃倒。乙兩腳寬馬步站穩，用兩手向上擠住甲單臂，兩手心向內，扣住甲右臂不放。甲左臂擺於身體左側，掌心向前，目視乙雙手。乙目視甲右臂（圖 35）。

圖 36

圖 37

35. 甲左手前穿，乙左手封閉

甲兩腳不動，用左掌向右穿擊乙前臂。乙用左手抓住甲左手腕向左推開，右手仍抓住甲右手腕向左推。甲兩手順勢翻腕抓住乙手腕不放，互相目視（圖 36）。

36. 甲海底撈月，乙豹子抬爪

甲左腳碾地外旋，乙右腳碾地內旋，甲用力拉乙兩手腕，乙身體向左傾，二人互相目視（圖 37）。

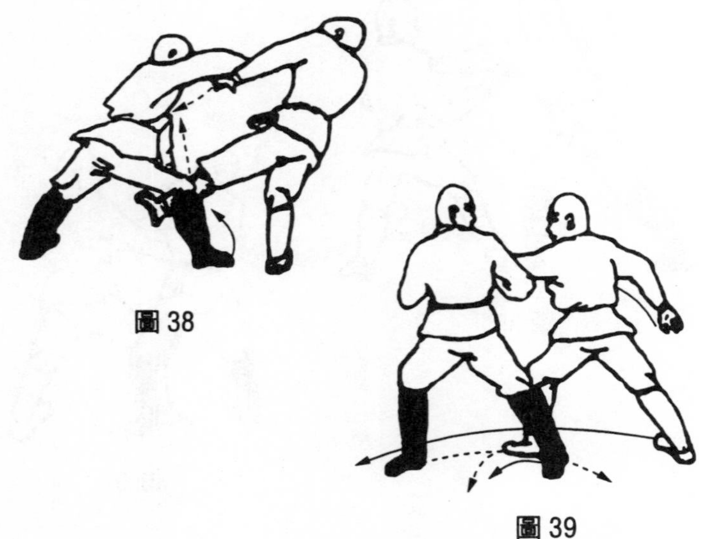

圖 38

圖 39

上動不停，甲突然伸左手抓乙左腳，乙左腳被甲提起離地，左掌擔甲右肘，掌心向下，兩人互相目視（圖 38）。

37. 甲順手牽羊，乙順水推舟

甲右腳碾地內轉，抬左手抓乙左手向左側猛拉，右手也收回，兩手用力向左側拉乙。

乙左腳落地，屈膝成左弓步。右手置於身體右側，掌心向內，掌指斜向下。互相目視（圖 39）。

圖 40

38. 雙方劉海推磨

甲右手和乙右手交合相抓，甲左手和乙左手互相抓握，乙以左腳為軸，甲以右腳為軸，乙右腳向左上一步，甲左腳抬起向左退一大步，雙方向左轉體 180 度，兩腳落地。互相目視（圖 40）。

39. 雙方跨虎登山

甲右腳碾地內轉，左腿屈膝成左弓步。乙右腳離地向前移半步，左腳抬起向後退一步，兩腳碾地向右轉體 180 度，左腿屈膝成左弓步。雙方右掌護於左肋外側，掌心向內，掌指斜向上；左掌上架於頭上前方，掌心向前，掌指向右。目視右側方（圖 41）。

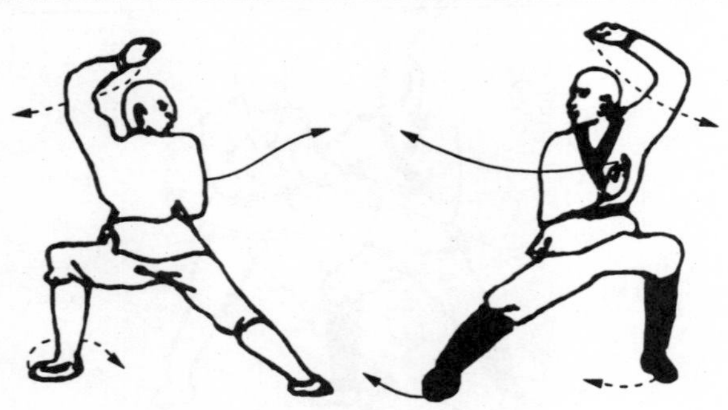

圖 41

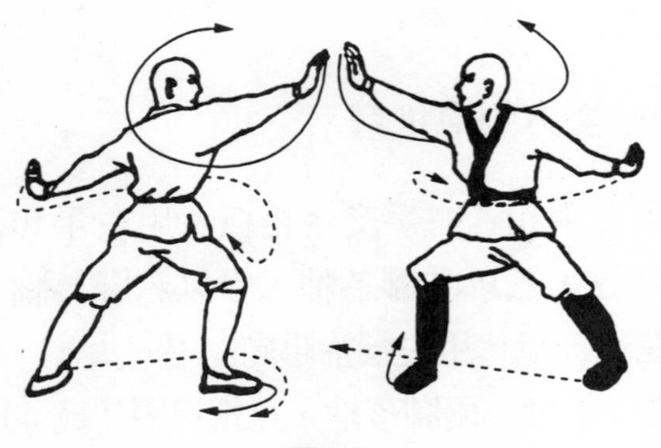

圖 42

40. 雙方羅漢擔柴

甲乙兩腳碾地，重心移向右腿，都變成右弓步。雙方右掌向右側推出成正立掌，掌心向前，掌指向上；左掌變鉤手，鉤於身後左側。目視右前方（圖 42）。

圖 43

41. 雙方單手摘月

甲乙兩腳碾地向右轉體 180 度，抬左腳與右腳併步站立，身體挺直。左鉤手變掌收回置於肋下，屈肘平端，掌心向上，掌指向右；右掌向上穿於頭上右側，掌心向前，掌指向上。雙方目視前方（圖 43）。

42. 收　勢

甲乙兩手落於兩髖外側，掌心向內，掌指向下。目視正前方。

五、少林散手對練

動作名稱及順序

1. 起勢
2. 甲單臂摘月，乙單臂橫雲
3. 甲金蛇纏柱，乙大俠靠臂
4. 甲獅子搬樁，乙孤鳥展啼
5. 甲單腳踹心，乙凹腹抱瓶
6. 甲金雞獨立，乙順手搬枝
7. 甲仙人摘茄，乙冷雁回頭
8. 甲舉鼎碰碑，乙轉身橫掃
9. 甲肋下插刀，乙斜栽楊柳
10. 甲倒拔楊柳，乙背後鑽刀
11. 甲翻手牽牛，乙馬步生根
12. 甲羅漢蹬腿，乙撤步閃躲
13. 甲童子彈踢，乙凹腹吸胸
14. 甲金針點撥，乙金指插穴
15. 甲海底撈月，乙閃身誘敵

16. 甲平地搬石，乙山雞觀天
17. 甲金剛踹腿，乙金雞閃展
18. 甲冷雁回頭，乙近身摘瓜
19. 甲烏龍抱柱，乙懷中抱月
20. 甲金豹回頭，乙單刀赴會
21. 甲鷂子翻身，乙迎門接客
22. 甲純陽醉酒，乙羅漢降龍
23. 甲觀音打坐，乙二兔爭穴
24. 甲仙人臥床，乙餓虎撲食
25. 甲縮身抖寶，乙反手卡喉
26. 甲一足蹬天，乙紫燕倒翻
27. 甲羅漢站樁，乙金龍抱柱
28. 甲老虎坐地，乙撤身反攻
29. 甲羅漢抓踢，乙閃身避險
30. 甲鉤掛橫斬，乙提腿閃戰
31. 甲單足蹬枝，乙迎門沖拳
32. 甲羅漢擺腿，乙閃身避險
33. 甲石匠背包，乙白蛇纏腰
34. 甲老鷹撲雀，乙野雞露膀
35. 甲單手擒敵，乙羅漢觀天
36. 甲背後插刀，乙馬步站樁
37. 甲羅漢站樁，乙玉龍抱柱

38. 甲頂心沖肘，乙退步含胸
39. 甲橫掃千軍，乙鷂子鑽天
40. 甲白猴縮身，乙雙手取寶
41. 甲海底撈月，乙孤鳥寒啼
42. 甲青龍纏樹，乙羅漢搖槳
43. 甲打袋倒糧，乙狸貓上樹
44. 甲撥雲見日，乙雙風貫耳
45. 甲抬臂上舉，乙千斤後墜
46. 甲邊踩臥牛，乙單刀闖關
47. 甲野外拋屍，乙騰空飛越
48. 甲閃身展翅，乙翻身亮相
49. 甲袖中一炮，乙單手橫雲
50. 甲獨蛇尋穴，乙白鶴展翅
51. 甲千斤踢腿，乙孤雁展翅
52. 甲單手撥雲，乙獨掌劈石
53. 甲單臂架橋，乙魯班扛樑
54. 甲金剛站堂，乙雙手抱斗
55. 甲童子拜佛，乙鷂子翻身
56. 甲羅漢過橋，乙單臂攔路
57. 甲單手牽牛，乙大仙指路
58. 甲海底撈沙，乙金雞曬膀
59. 甲童子踢打，乙羅漢閃戰

60. 甲羅漢蹬腿，乙閃身抱月
61. 甲鴻門射雁，乙大雁展翅
62. 甲倒掛金鉤，乙仙鶴獨立
63. 甲大鵬展翅，乙燕子斜飛
64. 甲腳踢北斗，乙白猿偷桃
65. 甲白蛇尋穴，乙豹子奔山
66. 甲近身靠打，乙擒拿掛搭
67. 甲大鵬啄食，乙撤步搗臼
68. 甲孫臏背拐，乙獅子搬樁
69. 甲大鵬展翅，乙羅漢觀天
70. 甲羅漢站樁，乙餓虎鑽林
71. 甲老猿搬枝，乙橫架擋門
72. 甲反手壓肘，乙回頭望月
73. 甲羅漢折臂，乙夜叉探海
74. 甲獨立推碑，乙玉帝請客
75. 收勢

1. 起　勢

（穿黑靴者爲甲，穿白靴者爲乙）

甲站西頭面南，乙站東頭面北，雙方站在一條線上，兩足併步站立，身胸挺直。兩臂自然下垂，兩掌變拳，兩拳自然握緊，置於大腿外側，

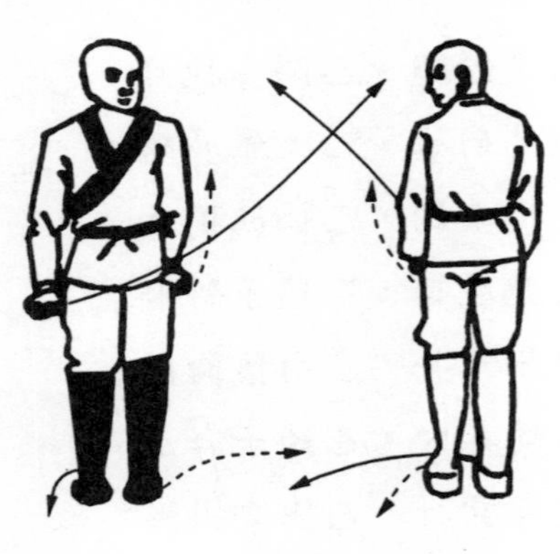

圖 1

拳心斜向內，拳眼向前。目視前方（圖 1）。

2. 甲單臂摘月，乙單臂橫雲

甲兩腳碾地，體左轉 90 度，抬左腳向前上一步，落地屈膝成左弓步。同時出右拳沖擊乙頭面，拳心向左；左拳屈肘護於左肋前側，拳心向內。目視右拳。

乙在甲轉身時也兩腳碾地，向左轉體 90 度，抬右腳前上一步落地屈膝，變成右弓步。出右拳撥架甲右拳，拳心向下，拳眼向左；左拳屈肘護於左肋前側，拳心向下。目視右拳和甲頭面（圖 2）。

圖 2

圖 3

3. 甲金蛇纏柱，乙大俠靠臂

甲兩腿抬起向前墊跳半步，兩腳碾地，體右轉 90 度。右拳變掌，抓乙右手腕，向右側下方擰拉；同時速出左臂，屈肘抱緊乙頸，前臂向內扣，掌指向右內側。目視乙臉部。

乙則兩腳碾地，向左轉體 90 度。被拿的右拳變掌，掌心向前；左拳向後甩擊，崩打甲左胯，拳心向右。目視甲頭面（圖 3）。

圖 4

4. 甲獅子搬樁，乙孤鳥展啼

甲兩腳原地不動，右手屈肘上舉，掌心向內，護右肩外側；左手用力向後扳乙，使乙後仰。目視前方。

乙左腳向後略收，腳跟落地，腳尖翹起；右腳向右滑步移動，身體向左後傾斜。右手屈肘抓甲右前臂；左臂屈肘展於左側，拳心向內。目視前方（圖 4）。

5. 甲單腳踹心，乙凹腹抱瓶

乙右腳抬起，落於左腳外側，向左轉體 270 度。抬左腳後退半步，落地屈膝成右虛步。左拳

圖 5

變掌，兩掌在轉身的同時屈肘上架於頭前方，兩掌心向前，防護面門，並向前抓甲臉。

甲抬左腳後退落地，同時速出右腳踢乙腹部。乙收腹閃躲，甲則兩掌變拳，向前撥開乙雙手，直沖其面門，拳心向下。乙雙手屈肘抱夾，甲乙互相對視（圖 5）。

6. 甲金雞獨立，乙順手搬枝

乙左手向下抓甲右腳脖，向左後牽拉；同時抬右腳上一步落於甲左腳內側，兩腳碾地，體左轉 90 度，變成馬步。右手將甲雙拳橫撥，然後變拳屈肘下砸甲右腿，掌心向左；左掌抓甲足不放。目視甲臉部。

圖 6

圖 7

甲左腿獨立，右腿被抓。兩拳被乙撥開後變掌，左掌抓住乙後背不放；右掌護於右胯外側，掌心向內。目視乙臉部（圖 6）。

7. 甲仙人摘茄，乙冷雁回頭

甲左手向上屈肘抓住乙腦後部，右手向前托，並托乙右腮，兩手用力向左擰轉，小腿狠鉤乙腰不放。目視乙頭部。

乙兩腳原地不動，右拳變掌推擊甲大腿，左手鬆開向下推甲小腿。目視左上方（圖 7）。

8. 甲舉鼎碰碑，乙轉身橫掃

乙兩腳離地向左旋跳 270 度，兩腳相距一步

圖 8

落地，左腿在前屈膝，右腿後蹬成左弓步。兩掌變拳，左拳在轉身的同時由右向左掃擊乙頭，拳心向右；右臂屈肘抱於右肋前側，拳心向上。目視甲後背。

甲右腳收回在後方落地，左腳滑地前移半步，體右轉 90 度，成左橫弓步。右掌屈肘上架抓乙左拳，掌心向左；左掌回收屈肘護於右肋前側，掌心向內，用左肩峰扛擊乙左肋下。目視左前側（圖 8）。

9. 甲肋下插刀，乙斜栽楊柳

甲右腳略內收，兩腳尖內旋。左掌變拳，左臂屈肘上提於胸前上方，拳心向內，肘尖用力向

圖 9

乙左肋抵擊；右臂屈肘下落於右側，掌心向內，掌指向上。目視乙左肋。

乙右腳抬起向右側上步落地，左腳跟抬起，身體向右側傾。左臂收回屈肘護在胸前，拳心向內，拳眼向右；右拳下落於右側後方，拳心向左。目視右側（圖 9）。

10. 甲倒拔楊柳，乙背後鑽刀

甲腳向右碾，身向右探，伸右手抓乙左小腿；左拳變掌，抓抱乙後背，欲將乙掀起。目視乙左拳。

乙兩腳左旋，左臂向左上方提起，左拳心向下；右拳由右後向前扣擊甲後心。目視甲後背

圖 10

圖 11

（圖 10）。

11. 甲翻手牽牛，乙馬步生根

甲兩腳碾地，向左轉體 90 度，右腳後收，用左手抓乙右手腕，右手抓乙右前臂。目視乙右臂。

乙右腳離地向前側略移步，落地後抬左腳後退一步，兩腳碾地，向左轉體 90 度，站成高馬步，右拳被拿，拳心向下；左拳收回，屈肘護於左肋外側，拳心向內，目視甲臉部（圖 11）。

圖 12

12. 甲羅漢蹬腿，乙撤步閃躲

甲右腳碾地外轉，抬左腳蹬擊乙右大腿前側。右手後移抓乙右手梢，左手抓乙右手腕，向上微抬，並向乙身前用力推送。目視乙臉部。

乙右腳內收少半步，閃避甲蹬擊，同時兩腳稍向右碾地變成右虛步。左拳屈肘護於左肋外側，拳心向內。目視甲臉部（圖 12）。

13. 甲童子彈踢，乙凹腹吸胸

甲右腳碾地內旋，左腳伸直彈踢乙小腹。左掌變拳沖擊乙咽喉，拳心向下；右掌變拳收於右肋外下側，拳心向內。目視乙中上盤。

圖 13

乙兩腳碾地，體右轉 90 度，抬右腿後退一步，落地屈膝，變成左虛步，收腹含胸，閃開甲拳腳的沖擊。兩臂屈肘收於兩肋外側，拳心向內。目視甲拳和腳（圖 13）。

14. 甲金針點撥，乙金指插穴

乙兩腳起跳，前後換步，落地後左腿微屈膝，變成右虛步。同時右拳由右向左下側撥擊甲左拳，然後屈肘護於胸前，拳心向內；左手食指伸直，向甲眼睛點插，手心向右。目視左手和甲臉部。

甲左腳收回落於身後，右腳碾地內旋，左腿微屈膝變成右虛步。左拳屈肘收回，抱於左肋外

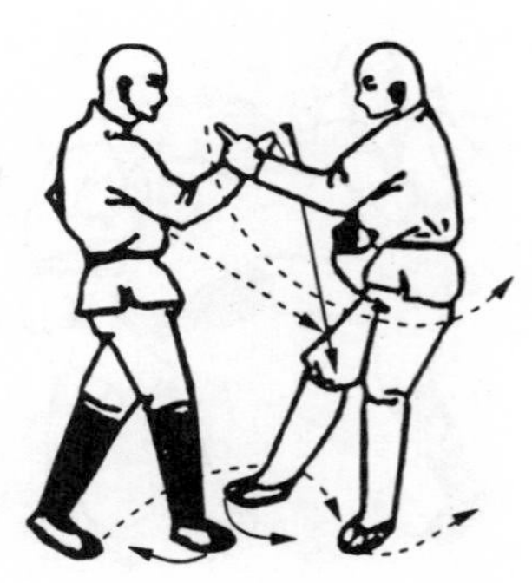

圖 14

側，拳心向上；右拳變成一指，向前外撥乙左手指，手心向左。目視乙臉部和左指（圖 14）。

15. 甲海底撈月，乙閃身誘敵

乙兩腳碾地，向左轉體 90 度，左腿屈膝成左弓步。兩手變掌，右掌護於襠前，掌心向內，掌指向下；左掌護於左胯外側，掌心向後，掌指向下。目視左側。

甲抬左腳前上一步落地，屈膝成馬步，兩腳外旋，向右轉體 90 度。右指由上向下點擊乙右膝蓋；左拳由後向左側挑擊乙後胯，拳心向上。目視乙右腿（圖 15）。

圖 15

圖 16

16. 甲平地搬石，乙山雞觀天

甲兩腳內旋，右指變掌，抓乙右腳踝部，用力上提；左拳收回，砸擊乙右小腹，拳心向上。目視左前方。

乙左腳碾地內旋，右腿被甲拿起，身體向左傾斜。右掌向上抓甲左肩後側；左臂屈肘護於左肋外側，掌心向左，掌指向前。目視右上方（圖16）。

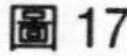

圖 17

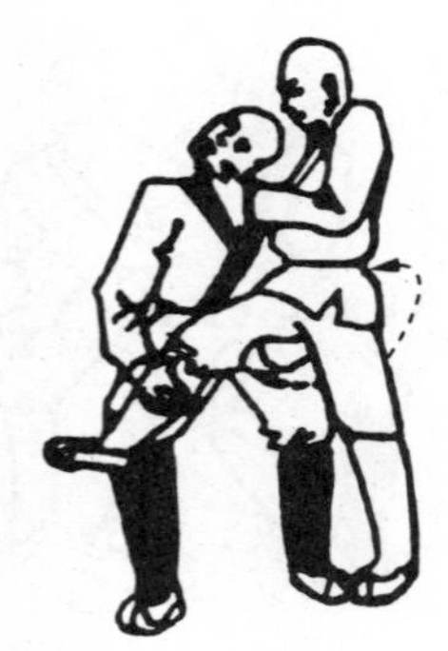

圖 18

17. 甲金剛踹腿，乙金雞閃展

甲右腳離地向右橫移落地站立，抬左腳踹蹬乙右肋。左拳變掌回收抓乙右小腿，右掌抓乙右踝不變，兩掌心向下。目視乙中上盤。

乙左腳不變，右腿被拿，上體向左傾斜。左臂屈肘上護左肋前側，掌心向內，掌指向上；右掌展於後上側，掌心向後，掌指向右。目視甲臉部（圖 17）。

18. 甲冷雁回頭，乙近身摘瓜

乙左掌向上推開甲左腳，左腳向甲身體近處移步，右腳猛力下蹬，隨勢向右轉體 90 度。同時

圖 19

伸右手抓甲頭後部，屈肘向懷內拉抱；接著再用左掌向前推擊甲左腮。目視甲頭部。

甲左腳被推收回落地，左手由上向下翻腕托乙右大腿，右手順乙右踝滑至小腿握緊。目視右上方（圖 18）。

19. 甲烏龍抱柱，乙懷中抱月

甲兩腳不變，左掌由乙右大腿下移向其身後抱其後腰，扣住其左後肋骨；右掌不變，頭向乙胸部用力猛抵。目視右側。

乙兩腿不變，兩手用力推甲頭部。目視前方（圖 19）。

圖 20

20. 甲金豹回頭，乙單刀赴會

乙右腳在前落地，左腳跟外旋，變成右高弓步。伸左手抓住甲右手腕；右臂屈肘抵擊甲左肩，掌心向前。目視甲臉部。

甲兩腳碾地右旋，變成右虛步，左手抓乙後背。目視乙上盤（圖 20）。

21. 甲鷂子翻身，乙迎門接客

甲兩腳跳起換步，向左轉體 90 度，右腿屈膝變成右弓步。左掌屈肘收回，護於左肋前側，掌心向前。目視前上方。

乙兩腳向左旋轉，左手拉甲右手向身後左側

圖 21

圖 22

牽拉；再用右掌推擊甲下巴，掌心向前。目視甲頭部（圖 21）。

22. 甲純陽醉酒，乙羅漢降龍

甲右腳尖離地，左腳向前略移步，上體向左轉 90 度。右手收回，迅速抓乙右前臂，身體向後傾斜。目視右前方。

乙兩腳不動，右手抓甲左肩，左手抓甲右上臂，上體左轉 90 度，兩臂屈肘用力向左搬摔。目視左前方（圖 22）。

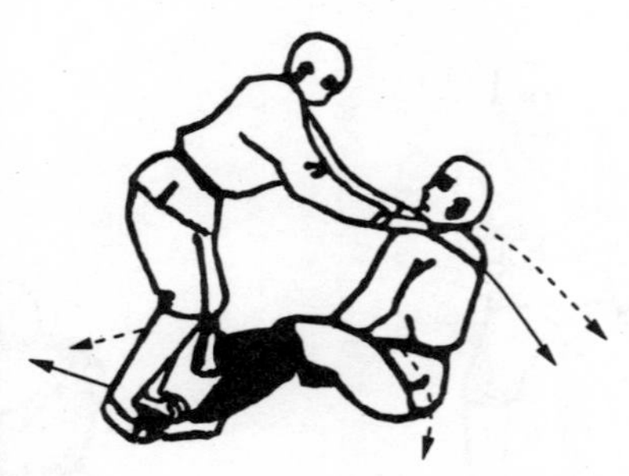

圖 23

23. 甲觀音打坐，乙二兔爭穴

甲兩腳跳起，左轉體 90 度，倒地坐於乙左側，兩腳在前方著地，兩掌落於身前扶地。目視乙全身。

乙兩腳碾地，體左轉 90 度，左腳離地後撤一步，落於右腳內側半步，兩腿屈膝成馬步。兩掌直插甲咽喉兩側，掌心向下。目視甲頭部（圖 23）。

24. 甲仙人臥床，乙餓虎撲食

甲兩腿伸直，貼地插入乙兩腿內側，身體向後躺下，兩臂在兩側屈肘扶地，掌心斜向下，頭向上揚。目視乙臉部。

圖 24

圖 25

乙左腳滑步向外略移，兩掌按住甲頸兩側，向前下方按擊，將甲按倒。目視甲臉部（圖24）。

25. 甲縮身抖寶，乙反手卡喉

甲兩腿屈膝收回，乙右腳向前移步，雙手卡住甲咽喉，兩掌心斜向上。互相對視（圖 25）。

26. 甲一足蹬天，乙紫燕倒翻

甲左足下落貼地，右足用力蹬擊乙大腿內側，兩臂屈肘，用力抓住乙兩手腕，隨著頭向後倒，兩手用力向後牽拉。目視乙頭部。

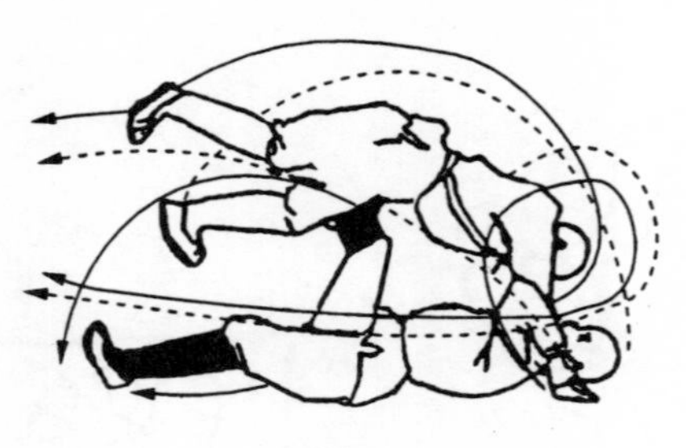

圖 26

乙兩足離地，身體騰空飛起，兩手在前方落地。目視甲頭部（圖 26）。

27. 甲羅漢站樁，乙金龍抱柱

甲右腳將乙蹬飛後，兩足落地站起，兩掌變拳，護於兩胯前方，拳心向內。目視前方。

乙向前翻身落地，迅速回頭，同時身體右轉180 度，兩腳擦地向甲身後沖來，右腳在前，左腳在後，伸雙手抱住甲的膝部，同時用右肩扛擊甲左臀。目視甲腿（圖 27）。

28. 甲老虎坐地，乙撤身反攻

甲兩足原地不動，臀部用力後坐，雙拳前伸，兩拳心相對，身向前探，目視前下方。

乙兩腳不動，兩手抱甲膝不放，身體被甲後

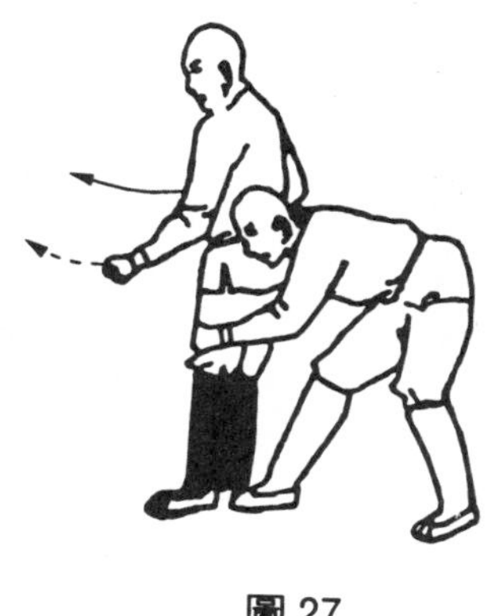

圖 27

圖 28

坐力所迫，向後撤身，同時右肩扛甲左後胯。目視前方（圖 28）。

29. 甲羅漢抓踢，乙閃身避險

甲右腳向前上半步，上體向左猛轉 90 度，兩拳變掌，左掌急回手抓住乙右手腕，右掌抓住乙右手，兩手向右猛拉，同時抬左足踹擊乙右肋。目視乙肋部和臉部。

乙左腳滑地前移，右腳內旋，右手被甲拿住，身體向後撤，左掌展於身後左側，掌心向

圖 29

下。目視甲兩手和臉部（圖 29）。

30. 甲鉤掛橫斬，乙提腿閃戰

甲右腳不動，左腿收回的同時鉤起乙右腿，並控制在自己右膝前方。右手抓乙右手腕向胸前提拉，屈肘拉緊；用左掌向乙面門橫切，掌心向下，掌指向左。目視乙頭面。

乙左腳內旋，左掌屈肘外展於左後側，掌心向左，掌指斜向後。目視甲左掌（圖 30）。

31. 甲單足蹬枝，乙迎門沖拳

乙出左掌變拳擊打甲左肩前，拳心向下，趁機抽出右腳落於左腳後半步，變為左虛步。右臂屈肘收回，掌變拳抱於右肋外側，拳心向上，拳

圖 30

圖 31

眼向外。目視甲臉部。

甲左臂屈肘，左手下鉤乙左拳，抬左腳急速蹬乙左小腿；右手護於胸前，掌心向左，掌指向上。目視乙左腿和臉部（圖 31）。

32. 甲羅漢擺腿，乙閃身避險

甲左腿抬起向上蹬踢乙頭，左掌格開乙右掌，掌心向外，掌指向左；右掌護胸，掌心向前。目視乙臉部。

乙右腳向前移步，左腳離地向後退步，落於右腳後小半步。左拳變掌收護於身前，掌心向右；右拳變掌擊甲，與甲格擋的左掌相碰，掌心向前，掌指向上。頭微躲閃，避開甲足蹬擊。目

圖 32

圖 33

視甲臉部（圖 32）。

33. 甲石匠背包，乙白蛇纏腰

甲左腳落地後，乙兩腳起跳，體左轉 180 度，在甲身體左後側落步，兩手抱住甲後腰不放。

甲屈肘用右手抓住乙右肩，用肘彎夾住乙頭，出左手抓住乙手腕，身體向前猛甩，甲乙前視（圖 33）。

34. 甲老鷹撲雀，乙野雞露膀

甲左腳內旋，體右轉 90 度，左手抓住乙右肩，右手臂壓乙頭部。

乙左腳離地後退半步，碾地向左轉體 90 度，

圖 34

圖 35

身向後仰。左掌屈肘收回，推甲右後肋；右掌屈肘展於右側上方，掌心向左，掌指向上。目視甲頭面。

甲右掌下穿，掌心向內，掌指斜向下。目視前下方（圖 34）。

35. 甲單手擒敵，乙羅漢觀天

甲左手後滑抓乙右手腕，用力向右側猛推；再收回右手抓推乙右肩，用力向左下方推按。目視乙頭部和後肩。

乙兩腳碾地右旋，向右轉體 90 度，兩腿屈膝，身體向後仰。左掌屈肘護在左肋外側，掌心向前，目視甲頭面（圖 35）。

圖 36

36. 甲背後插刀，乙馬步站樁

甲怕乙不倒，兩腳迅速碾地，體左轉 180 度，左腳離地向後移步，落於右腳內側半步，變成高弓步。兩掌變拳，左拳屈肘向身後猛抵，拳心向下，拳眼向右，肘尖擊乙頭部；右拳護於小腹前側，拳心向右。目視乙頭部。

乙雙足離地後退，落地屈膝變成馬步。雙掌變拳，護於兩肋外下側，拳心向內，拳眼向上。目視甲左肘尖（圖 36）。

37. 甲羅漢站樁，乙玉龍抱柱

乙雙手抱住甲後腰不放。

甲右足離地向後移步，落於乙兩足之間。左

圖 37

圖 38

拳收回，與右拳同時下落於兩胯前側，拳心向內，拳眼向前。甲乙互視（圖 37）。

38. 甲頂心沖肘，乙退步含胸

甲右腳離地，向乙兩腳中間盡力插入，變成左弓步，上體右轉 90 度，右肘抵擊乙胸部。

乙右腳離地後退落地，右臂屈肘收回，護於胸前上側，掌心向左，掌指向上；左臂屈肘上架於甲頭後側，掌心向下，掌指斜向前，收腹含胸。目視前方（圖 38）。

圖 39

39. 甲橫掃千軍，乙鷂子鑽天

甲兩腳碾地右旋，變成右弓步。右拳向右側橫掃擊乙，拳頭崩擊乙右側上部，拳心向左；左拳變掌展於左側，掌心向外，掌指向上。目視乙頭面和右拳。

乙左腳尖離地，身向後仰，兩掌變拳屈肘收回，擋撥甲右拳，兩拳心向前，拳眼相對。目視甲頭面（圖 39）。

40. 甲白猴縮身，乙雙手取寶

乙左腳向後移步，右腳碾地外旋，雙手抓住

圖 40

圖 41

甲右手腕部，向右下側擰轉，左肘尖壓擊甲右肘部。目視甲右肩和頭部。

甲兩腳碾地，體左轉 90 度，右腳向前略移步，身體前探。左掌變拳，屈肘護於胸左側，拳心向外。目視右側下方（圖 40）。

41. 甲海底撈月，乙孤鳥寒啼

甲抬右腳向右前側邁半步落地，再抬左腳向後退一步，落地後兩腿屈膝，身向左轉。左拳收於肋下，拳心向前，目視乙頭部。

乙兩腳不動，右手抓甲右手腕，左掌按擊甲肘關節。目視甲右肩和頭部（圖 41）。

圖 42

上動不停，甲兩腳碾地，體左轉 90 度，兩腿變成馬步。左拳變掌，向乙襠部托擊，目視乙頭面。

乙兩腳跟著地，身體向後縮，左掌推甲後背，掌心向前，掌指斜向上；右手抓甲右手腕不放。目視前上方（圖 42）。

42. 甲青龍纏樹，乙羅漢搖槳

甲兩腳離地向後退步，變成馬步，向內收左腳，體左轉 90 度，抬右腳上步落於乙右腳內側，屈膝變成馬步。左手收回，抓抱乙右腿外後側；右手收回，插入乙襠內，上托抓抱乙右胯部。目視前下方。

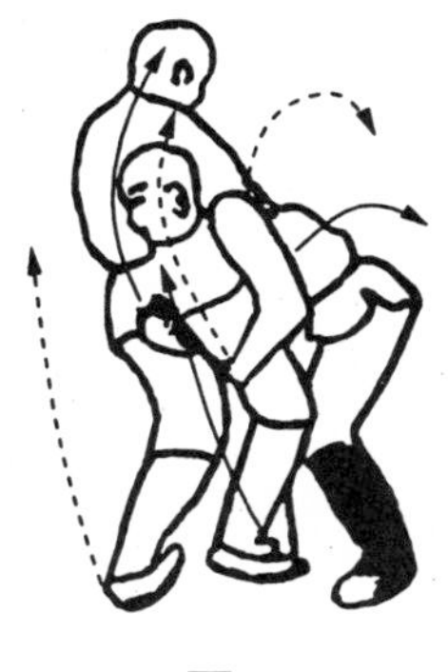

圖 43

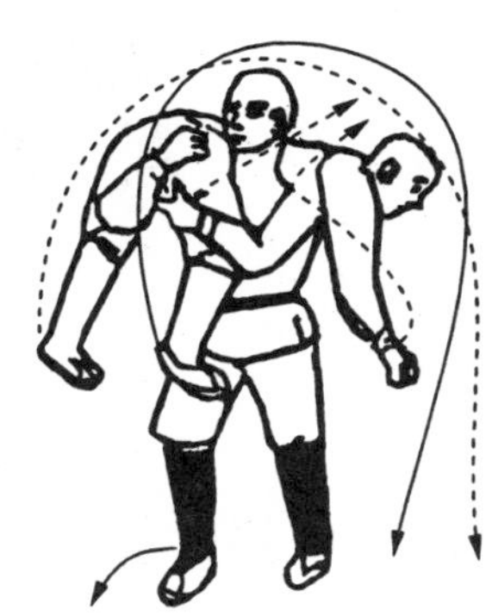

圖 44

乙雙方抱住甲後腰，抱緊不放，雙方相持不讓。乙目視甲後背（圖 43）。

43. 甲扛袋倒糧，乙狸貓上樹

甲兩腳原地不動，身向上挺直，雙手上舉，將乙扛起。目視前方。

乙雙足離地，全身被扛起，雙手鬆開甲腰，向前下方伸開，兩掌心向下，掌指向前。目視前下方（圖 44）。

圖 45

44. 甲撥雲見日，乙雙風貫耳

甲用力向後抖肩，腰間鼓勁隨即將乙翻在身後，接著兩腳尖碾地，向左轉體 180 度。

乙被摔，翻身落地，左腳在後，身體向右轉 180 度，變成右弓步。兩掌變拳，向前貫擊甲兩耳，兩拳心向內。目視甲頭面。

甲左腿屈膝成左弓步，兩掌屈肘收回胸前，向乙雙拳中間插入猛力外撥，兩掌心相對。目視乙頭面（圖 45）。

45. 甲抬臂上舉，乙千斤後墜

甲左腳向外移步，右腳向外碾地旋轉，身體

圖 46

圖 47

右轉 90 度。左手變拳，沖乙右肋骨；右手翻腕，抓住乙右手腕向右側牽拉。目視乙頭部和右臂。

乙右腳向前移步，左腳向外碾地，身體左轉 90 度，變成高馬步。右手被甲拿住，左掌在左側護於左胯外側，掌心斜向下，掌指向前。目視前下方（圖 46）。

46. 甲邊踩臥牛，乙單刀闖關

甲左腳抬起，鏟踢乙右膝關節外側（乙右腳後收）。右手抓住乙右手腕下按，左拳變掌抓乙右肩向下按拉。

乙右手被拿，向前直臂沖出；左掌變拳，屈肘護於左肋外側，拳心向上。甲乙互視（圖 47）。

圖 48

47. 甲野外抛屍，乙騰空飛越

甲左腳在乙右腳後方落地，伸雙手抱住乙後腰，兩手抱緊。目視前下方。

乙被抱住，雙足離地，左腿屈膝，右腿在後蹬直。目視右前下方（圖 48）。

48. 甲閃身展翅，乙翻身亮相

甲將乙甩向身前以後，兩足離地向左移半步，落地後變成左弓步。兩掌向身體前後展開，左掌心向前，置於左側上方，高與頭平；右掌心向後，置於身體右側，高與髖平。目視乙頭部。

圖 49

圖 50

乙被甲甩到身前，兩腳左右落地，左腿屈膝變成左弓步。兩拳變掌在左右展開，左掌在左側，高與頭平，掌心向前；右掌在右側，高與腰平，掌心向後。目視甲頭部（圖 49）。

49. 甲袖中一炮，乙單手橫雲

甲兩腳碾地，向右轉體 90 度。出左掌穿擊乙頭部，掌心向右；右臂屈肘收回，右掌護於右肋，掌心向內。目視前方。

乙左腳碾地內旋，向右轉體 90 度，抬右腳向左腳後側移半步，變成左高弓步。左掌迅速撥擋甲左掌，掌心向右，掌指斜向上；右掌護於右胯外側，掌心向內。目視甲頭面（圖 50）。

圖 51

50. 甲獨蛇尋穴，乙白鶴展翅

甲兩腳原地不動，左掌用力穿擊乙咽喉；右掌護於右肋外下側，掌心向前，掌指斜向上。目視乙咽喉和臉部。

乙兩腳不動，身體後仰躲過甲掌。兩臂向左右屈肘展開，兩掌心向上，掌指向外。目視上方（圖 51）。

51. 甲千斤踢腿，乙孤雁展翅

甲左腳外旋，抬右腳踹蹬乙右肋。兩掌變拳收回，護於身體兩側，兩肘貼於兩肋外側。目視乙臉部。

圖 52　　圖 53

乙右腿直立，抬左膝抵擊甲長強穴。而掌變拳，兩臂向兩側屈肘展開，拳心向內。目視甲臉部（圖 52）。

52. 甲單手撥雲，乙獨掌劈石

乙左腳落在右腳後半步，右腳尖內旋，變成右弓步。兩拳變掌，右掌向甲頭上劈去；左臂屈肘護於左肋下，左掌心向內，掌指斜向下。目視甲頭部。

甲右腳落地，左腳跟外旋，變成右虛步。兩拳變掌，右掌向前上方外撥乙右臂；左臂屈肘護於腰間，左掌心向上。目視乙頭部（圖 53）。

圖 54

53. 甲單臂架橋，乙魯班扛樑

乙兩腳起跳，向左旋跳 180 度，右腳在前，左腳在後，相距半步落地，屈膝成右弓步。在轉體的同時，伸左手抓住甲右手腕，向身前牽拉；右手抓住甲右前臂，將甲右臂按在右肩上，呈擔物狀。目視甲右手。

甲左腳外旋，向左轉體 90 度。左掌向身體左側下按，掌指向前，目視右前上方（圖 54）。

54. 甲金剛站堂，乙雙手抱斗

甲左腳內收半步，右腳跟外旋，向左轉體 90 度。

圖 55

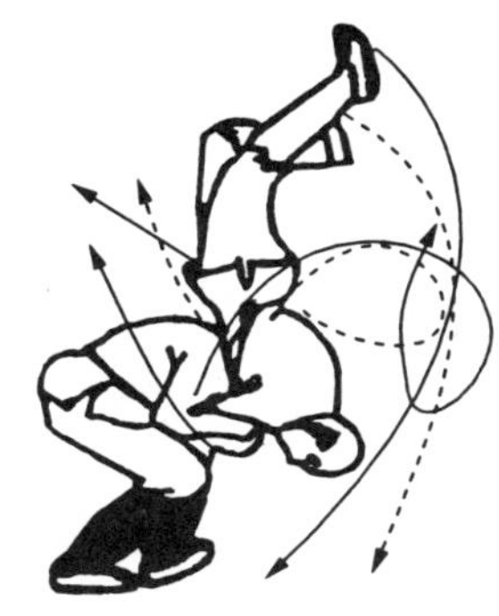

圖 56

乙兩腳離地，向右旋跳 180 度，兩手抱住甲頸部（甲順勢抓住乙兩手腕）。目視前方（圖 55）。

55. 甲童子拜佛，乙鷂子翻身

甲兩腳不動，兩腿屈膝，身體向前探，同時低頭抖肩，兩手分別抓乙兩腕用力向前牽拉，將乙背起。目視下方。

乙被甲背起，兩腳離地向前翻於上方，右腳尖向上，左腿略屈膝，目視前下方（圖 56）。

圖 57

56. 甲羅漢過橋，乙單臂攔路

甲兩腳原地不動，身胸立直。右掌變拳，拳心向上，護於腹前側；左掌向前往外撥，切擊乙右腕。目視乙頭面。

乙身體前翻落地後，左轉 180 度，右腿在前方微屈膝，成右高弓步。左手變拳護於左肋外下側，拳心向下；右拳向前穿擊甲小腹，被甲左手撥開。目視甲臉部（圖 57）。

57. 甲單手牽牛，乙大仙指路

甲右腳外碾，左腳離地向前移半步成高弓步。右拳變掌抓住乙右手腕，向上抬起，同時向

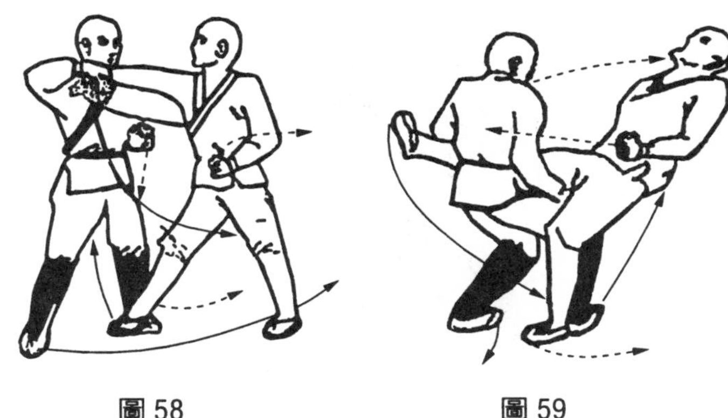

圖 58　　圖 59

後拉帶，牽於右胸上側；左掌變拳，護於左肋，掌心向內。目視乙頭面。

乙右腳向前滑步，變成右高弓步。右掌向前沖擊，掌心向下；左拳護於左肋下側，拳心向內。目視甲頭面（圖 58）。

58. 甲海底撈沙，乙金雞曬膀

甲兩腳離地上步沖近乙身前，兩腿屈膝，微蹲成小馬步。右手向前，隨勢向上挑擊乙襠部；左拳變掌，抓乙右膝外側。目視乙臉部。

乙左腳內碾，右腿被抬起，身體向後仰，左拳屈肘護於小腹左側，拳心向內；右掌收回護於右胯外側，掌心向內。目視前上方（圖 59）。

圖 60

59. 甲童子踢打，乙羅漢閃戰

乙右腳落地，左腳離地後退一步落地後，右腿屈膝變成右弓步。左拳向前沖擊甲胸肋部，拳心向下；右掌護於右胯外側，掌心向內。目視甲頭面。

甲左腳內旋站立，速抬右腳踢乙襠部。左掌變拳，向前沖擊乙臉部，拳心向下；右臂屈肘，右手抓住乙左手腕。目視乙頭面（圖 60）。

60. 甲羅漢蹬腿，乙閃身抱月

乙兩腳不動，重心後移，變成右虛步。左拳變掌收回，抓起甲右腿，向後上方拉帶；右手護

圖 61

圖 62

於右髖外側，掌心向內。目視甲頭面。

甲左腳不動，右腿被拿。右手變拳，與左拳同時收抱於腰兩側，拳心向內，拳眼向前。目視乙臉部（圖 61）。

61. 甲鴻門射雁，乙大雁展翅

甲抬左腳向前移到乙左腳尖外落地（乙左腳外旋），右腿順勢用力收回落地，屈膝成右弓步。右拳收回護於右肋外，拳心向上；左拳變掌穿擊乙襠部，掌心向下。目視乙襠部和左拳。

乙右腳抬起向右閃開，避開來掌。左掌變拳護胸，拳心向內；右掌變拳橫擺於右側，拳心向前。目視甲臉部（圖 62）。

圖 63

62. 甲倒掛金鉤，乙仙鶴獨立

甲左腳內收半步，起身抬右腳向前勾起乙左腿，向左轉體 90 度。左手抓乙左拳，向左側用力牽拉；右拳變掌，抓乙左肩。目視乙頭面。

乙左腿被鉤，右腳落地屈膝。左拳被拿，右拳變掌抓甲左手腕。目視甲頭面（圖 63）。

63. 甲大鵬展翅，乙燕子斜飛

甲右腳向後一步落地，屈左膝成左弓步。右掌向右上方展開，掌心向前；左掌展於左側下方，掌心斜向前。目視乙右掌。

乙收回左腳落於左側一步，兩腳碾地向左轉

圖 64

圖 65

體 90 度，左腿屈膝成左弓步。右掌向右上方迎擊甲右掌，掌心向前；左拳變掌展於左側下方，掌心向前。目視甲右掌（圖 64）。

64. 甲腳踢北斗，乙白猿偷桃

甲左腳離地向右移步落地站立，抬右腳踢乙頭部。兩掌內收，護於兩肋前側，掌心相對，掌指斜向前。目視右腳。

乙兩腳起跳，體右轉 180 度，邊轉邊換步，落地後，左腿屈膝成左弓步。左掌收回，撥挑甲右腳；右掌護於右肋前側，掌心向左，掌指向上。目視甲右腳（圖 65）。

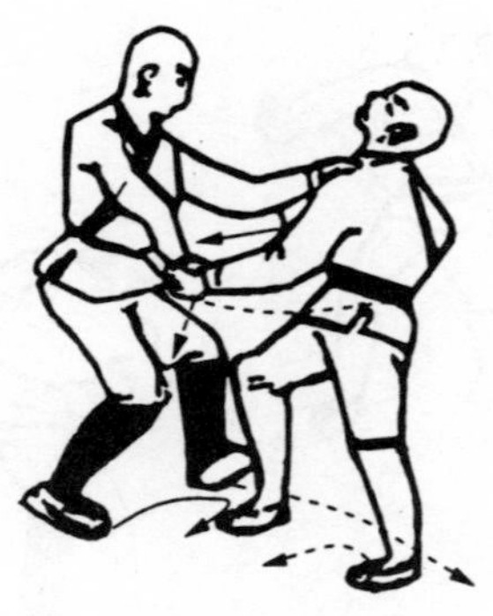

圖 66

65. 甲白蛇尋穴，乙豹子奔山

甲右腳收回，落於左腳前外側，速抬左腳向左轉體 270 度，踢乙右腿。

乙兩腳跳起前後換步，閃過踢擊，落地後變成右弓步。左掌由下穿擊甲腹部；右掌護於右肋外側，掌心向前，掌指斜向上。目視甲頭面。

甲用右手下撥乙穿來的左手，再用左掌插向乙咽喉。目視乙頭面和咽喉部（圖 66）。

66. 甲近身靠打，乙擒拿掛搭

甲左腳跟點地，兩足起跳，下落於乙身右側，向右轉體 90 度，變成右弓步（乙兩腳碾地，

圖 67

圖 68

向左轉體 90 度，成高馬步）。左掌向乙身前橫搬，迫乙向後仰身；右掌護於右肋前，掌心向上。目視乙左手。

乙左手抓甲手梢向左拉，右掌按甲後背。目視甲面部（圖 67）。

67. 甲大鵬啄食，乙撤步搗臼

乙右腳後移半步，右掌變拳，右臂屈肘，用肘尖向下擊甲左肩，右拳心向內，拳眼向外；左手抓甲左手不放。目視甲頭面。

甲右掌護於右膝內側，掌心向內。目視乙頭面和右拳（圖 68）。

圖 69

68. 甲孫臏背拐，乙獅子搬樁

甲左腳內收半步，身體直立。右手向上抓住乙右手腕，向右肩前方拉，抓住不放；右手用力內收。

乙兩腳碾地左旋，左手抓住甲左手，抓緊不放，兩人相持。都目視前方（圖 69）。

69. 甲大鵬展翅，乙羅漢觀天

甲探身用右手抓起乙右小腿，左手用力向左撐開。目視左前方。

乙左腳外旋，右腿被抓起，右手抓甲右肩不放，左手抓甲右手腕不放，身體後仰。目視甲臉

圖 70

圖 71

部（圖 70）。

70. 甲羅漢站樁，乙餓虎鑽林

甲右腳內旋，向左轉體 90 度，抬左腳與右腳併步站立。兩掌收回護於兩髖外上側，屈腕變拳，拳心向下，拳眼向內。目視乙頭面。

乙右腳落於左腳內後側，抬左腳後退一步，變成右弓步。兩掌變拳，右拳沖向甲胸上部，拳心向下；左拳護於左肋側，拳心向內，拳眼向上。目視甲頭面（圖 71）。

圖 72

71. 甲老猿搬枝，乙橫架擋門

甲抬左腳上一步，落地後兩腳碾地，向右轉體 90 度。兩拳變掌，右手抓乙右腕，左掌抓乙右肘尖。目視乙右前臂。

乙兩腳不動，右拳被甲拿住，左拳變掌，直臂展於左側後方，掌心向外，掌指向下。目視左前上方（圖 72）。

72. 甲反手壓肘，乙回頭望月

甲兩腳碾地左旋，右腿屈膝，成左虛步。兩手猛獰乙右手腕和右前臂，向身前下方牽拉、按壓。目視乙右臂。

圖 73

圖 74

乙左腳向外旋轉，變成右弓步。右手被甲擒拿，左掌變拳，護於左肋外側，拳心向內。目視甲頭面（圖 73）。

73. 甲羅漢折臂，乙夜叉探海

甲右腳外旋，右手用力向右側下方拉乙右手腕；左手抓乙右肘關節向右側推按，肘尖抵壓乙右肩後側。目視乙頭部和肩臂。

乙兩腳向右旋轉，右手臂被甲控制，左拳向前栽擊，拳心向內，拳眼向左，身體前探。目視下方（圖 74）。

74. 甲獨立推碑，乙玉帝請客

乙右腳離地右移少許落地，左腳外旋，身體向左轉 90 度。同時猛然起立，右手臂向右後猛一抖勁，迫甲右腳離地成左獨立勢；左臂伸向右側，左手抓住甲的右肘。

甲右手抓乙左肩，左手在外抓住乙的右肩。兩人相持不讓，互相目視（圖 75）。

75. 收　勢

甲右腳在右側落地，左腳移向右腳，兩腳併攏站立。乙兩腳向左碾地，體左轉 180 度，抬右腳與左腳併步站立。雙方收回雙掌，下落於兩胯外側，掌心向內，掌指向下。目視正前方，成立正式。

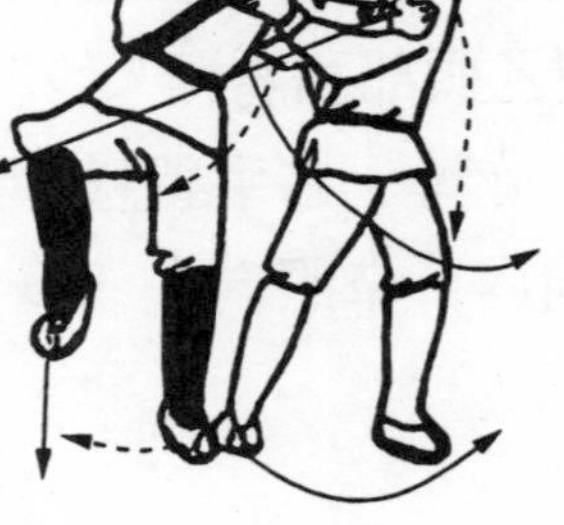

圖 75

歡迎至本公司購買書籍

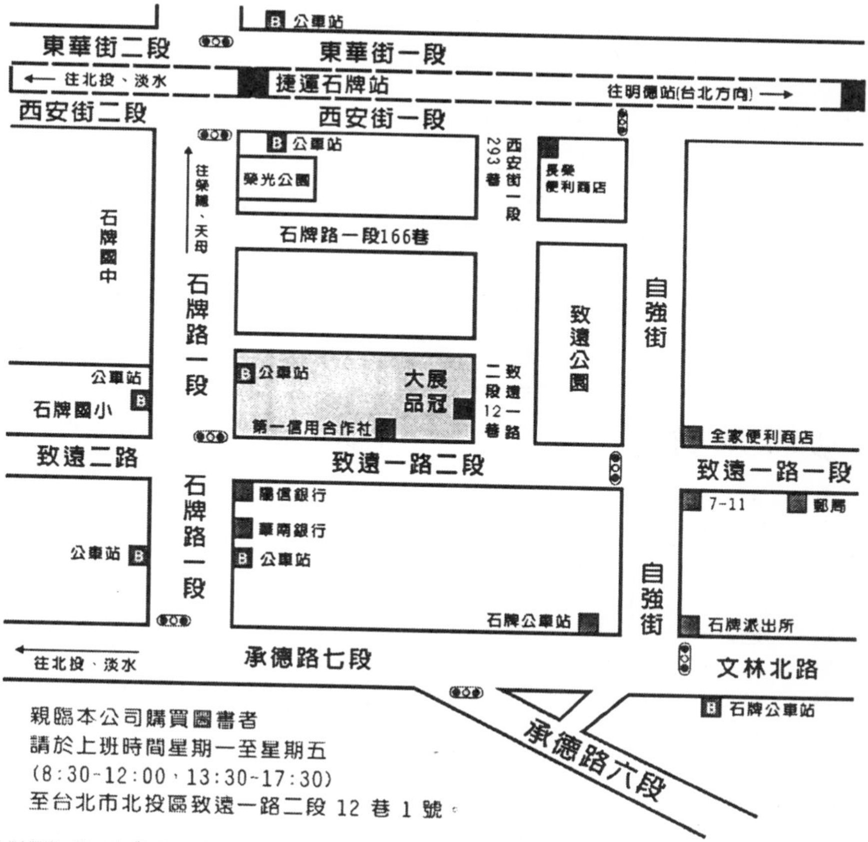

B 公車站
東華街二段
東華街一段
← 往北投、淡水
捷運石牌站
往明德站(台北方向) →
西安街二段
西安街一段
B 公車站
榮光公園
西安街一段293巷
長榮便利商店
往榮總、天母
石牌國中
石牌路一段166巷
石牌路一段
致遠公園
自強街
公車站
石牌國小
B 公車站
大展品冠
致遠二段12巷
第一信用合作社
全家便利商店
致遠二路
致遠一路二段
致遠一路一段
石牌路一段
陽信銀行
7-11
郵局
華南銀行
公車站
B 公車站
自強街
石牌公車站
石牌派出所
← 往北投、淡水
承德路七段
文林北路
B 石牌公車站
承德路六段

親臨本公司購買圖書者
請於上班時間星期一至星期五
(8:30~12:00，13:30~17:30)
至台北市北投區致遠一路二段 12 巷 1 號。

建議路線

1.搭乘捷運

淡水線石牌站下車，由出口出來後，左轉(石牌捷運站僅一個出口)，沿著捷運高架往台北方向走(往明德站方向)，其街名為西安街，至西安街一段293巷進來(巷口有一公車站牌，站名為自強街口)，本公司位於致遠公園對面。

2.自行開車或騎車

由承德路接石牌路，看到陽信銀行右轉，此條即為致遠一路二段，在遇到自強街(紅綠燈)前的巷子左轉，即可看到本公司招牌。

國家圖書館出版品預行編目資料

少林拳對練／徐勤燕　釋德虔　編著
——初版，——臺北市，大展，2007〔民96〕
面；21公分，——（少林功夫；23）
ISBN　978-957-468-550-9（平裝）

1.少林拳

528.97　　　96010702

少林拳對練

ISBN　978-957-468-550-9

編　　著／徐勤燕　釋德虔
責任編輯／范孫操
發 行 人／蔡森明
出 版 者／大展出版社有限公司
社　　址／台北市北投區（石牌）致遠一路2段12巷1號
電　　話／（02）28236031・28236033・28233123
傳　　眞／（02）28272069
郵政劃撥／01669551
網　　址／www.dah-jaan.com.tw
E－mail／service@dah-jaan.com.tw
登 記 證／局版臺業字第2171號
承 印 者／國順文具印刷行
裝　　訂／建鑫印刷裝訂有限公司
排 版 者／弘益電腦排版有限公司
授 權 者／北京人民體育出版社
初版1刷／2007年（民96年）8月

定　價／200元

大展好書　好書大展
品嘗好書　冠群可期

大展好書　好書大展

品嘗好書　冠群可期